DUDEN
Schülerhilfen

Brüche

DUDEN
Schülerhilfen

DEUTSCH

Aufsatz 1
2. und 3. Schuljahr

Aufsatz 2
3. und 4. Schuljahr

Aufsatz/Erzählen
5. bis 7. Schuljahr

Aufsatz/Beschreibung
7. bis 10. Schuljahr

Aufsatz/Inhaltsangabe
7. bis 9. Schuljahr

Aufsatz/Bericht
8. bis 10. Schuljahr

Aufsatz/Erörterung
8. bis 10. Schuljahr

Schreibspiele
ab 3. Schuljahr

Lesespiele
ab 3. Schuljahr

Rechtschreibung 1
2. und 3. Schuljahr

Rechtschreibung 2
3. und 4. Schuljahr

Rechtschreibung 3
4. und 5. Schuljahr

Rechtschreibung 4
5. und 6. Schuljahr

Rechtschreibung 5
7. und 8. Schuljahr

Grundwortschatz
3. und 4. Schuljahr

Schön schreiben und gestalten
2. bis 4. Schuljahr

Grammatik
4. und 5. Schuljahr

MATHEMATIK

Grundrechenarten 1
ab 2. Schuljahr

Grundrechenarten 2
ab 3. Schuljahr

Größen und Maße
ab 5. Schuljahr

Rechenspiele
ab 4. Schuljahr

Gleichungen und Ungleichungen 1
5. und 6. Schuljahr

Rechenbäume – Terme – Texte
5. und 6. Schuljahr

Lösen von Sachaufgaben
5. und 6. Schuljahr

Flächen und ihre Berechnung 1
5. bis 8. Schuljahr

Körper und ihre Berechnung 1
5. bis 8. Schuljahr

Dezimalbrüche
6. Schuljahr

Teiler und Vielfache
6. Schuljahr

Brüche
6. und 7. Schuljahr

Dreisatz und Prozente
6. bis 8. Schuljahr

Aufbau des Zahlensystems, vollständige Induktion
ab 7. Schuljahr

Gleichungen und Ungleichungen 2
7. und 8. Schuljahr

Weitere Bände sind in Vorbereitung

Dreieckskonstruktionen
7. und 8. Schuljahr

Viereckskonstruktionen
7. und 8. Schuljahr

Bruchgleichungen und Bruchungleichungen
8. Schuljahr

Textgleichungen 1
8. Schuljahr

Gleichungen mit zwei Unbekannten
8. und 9. Schuljahr

Textgleichungen 2
7. bis 9. Schuljahr

Quadratische Gleichungen und Ungleichungen
9. Schuljahr

Wurzeln und Potenzen
9. und 10. Schuljahr

Flächen und ihre Berechnung 2
9. und 10. Schuljahr

Körper und ihre Berechnung 2
9. und 10. Schuljahr

Trigonometrie
10. Schuljahr

Logarithmen und Exponentialgleichungen
10. Schuljahr

CHEMIE

Grundlagen der Chemie
8. bis 10. Schuljahr

DUDEN
Schülerhilfen

Brüche

Mit Bruchzahlen rechnen und umgehen

von Hans Borucki
mit Illustrationen
von Detlef Surrey

DUDENVERLAG
Mannheim · Leipzig · Wien · Zürich

Die Deutsche Bibliothek – CIP-Einheitsaufnahme
Duden-Schülerhilfen
Mannheim; Leipzig; Wien; Zürich: Dudenverl.
Früher im Verl. Bibliograph. Inst., Mannheim, Wien, Zürich
Mathematik. Brüche.
Mit Bruchzahlen rechnen und umgehen / von Hans Borucki. – 1999
ISBN 3-411-70692-9

2. Auflage
Das Werk wurde in neuer Rechtschreibung verfasst.

Redaktion: Dr. Gerd Grill
Herstellung: Petra Moll
Umschlaggestaltung: Michael Acker
Satz: particular Preprint- & Medien-Service,
Axel & Kai-Uwe Schilling GbR, Bonn
Druck: Druckhaus Langenscheidt, Berlin
Gedruckt auf Eural Super Recyclingpapier matt gestrichen
Bindearbeit: Schöneberger Buchbinderei, Berlin
Printed in Germany
ISBN 3-411-70692-9

Liebe Schülerinnen und Schüler,

selbst Johann Wolfgang von Goethe, der sonst so kluge und gebildete Geheimrat aus Weimar, hatte ganz offensichtlich Probleme mit der Bruchrechnung.

Wie es sich für einen Dichter seines Ranges ziemt, hat er sie in Verse gegossen und diese einer seiner Figuren, dem teuflischen Mephisto, in den Mund gelegt:

> Und merk dir ein für allemal
> Den wichtigsten von allen Sprüchen:
> Es liegt dir kein Geheimnis in der Zahl,
> Allein ein großes in den Brüchen.

Hier irrt Goethe!

Brüche sind Zahlen und haben, wie diese, nichts Geheimnisvolles an sich.

Allerdings zeigt die Erfahrung, dass es zahlreichen Schülern ähnlich geht wie dem großen Herrn Goethe: Sie haben Probleme mit der Bruchrechnung.

Jeder Mathematiklehrer und auch viele leidgeprüfte Eltern wissen es: Schulisches Scheitern im Fach Mathematik ist in den allermeisten Fällen auf fehlende Kenntnisse in der Bruchrechnung zurückzuführen. Teure Nachhilfestunden zum Auffüllen dieser Wissenslücken sind dabei in der Regel gar nicht erforderlich.

Üben genügt! Und aufs Üben ist dieser Band angelegt.

Der Unterrichtsstoff wird in kleinen Portionen mithilfe anschaulicher Beispiele dargestellt und vermittelt. Zahlreiche vollständig durchgerechnete Aufgaben schließen sich an. Sie leiten über zu umfangreichen Aufgabenblocks, in denen der Schüler genügend Gelegenheit zum Einüben des behandelten Stoffes findet.

Ein kurzer Test am Ende eines jeden Kapitels ermöglicht die objektive Überprüfung des Lernerfolgs.

Vorwort

Die Lösungen der einzelnen Aufgaben befinden sich auf den Seiten 97–110.

Um dir die Orientierung zu erleichtern, sind kleine optische Hilfen eingebaut. Besonders gekennzeichnet sind auf diese Weise

Regeln, Festlegungen, ⟶ 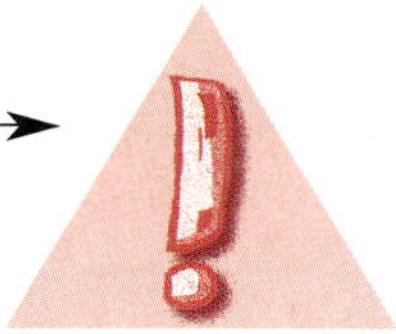

Beispiele, ⟶ 

Übungsaufgaben, ⟶ 

Lösungen. ⟶ 

Goethe wird es sich gefallen lassen müssen, dass wir sein eingangs zitiertes pessimistisches Dichterwort hier nicht unwidersprochen stehen lassen können.

Um der Wahrheit die Ehre und dem Lernenden den zum Erfolg erforderlichen Mut zu geben, müsste die letzte Zeile lauten:

und kein Geheimnis in den Brüchen.

Hans Borucki

Mellrichstadt, im Frühjahr 1999

1. Kapitel

Bruchteile und Brüche

2. Kapitel

Erweitern und Kürzen von Brüchen

3. Kapitel

Brüche auf dem Zahlenstrahl

4. Kapitel

Die vier Grundrechenarten mit Brüchen

Inhaltsverzeichnis

5. Kapitel

6. Kapitel

Bruchteile und Brüche

1. Zähler und Nenner

Du sollst eine Tafel Schokolade mit deinen Freunden teilen.
Das, was geteilt wird, nennen wir das **Ganze.**

Ihr seid zu viert.
Du teilst also die Tafel (das Ganze) in vier gleiche Teile.
Jeden dieser Teile bezeichnen wir als ein Viertel (geschrieben: $\frac{1}{4}$) des Ganzen.

Jeder von euch bekommt einen dieser vier gleichen Teile. Du bekommst einen Teil, deine drei Freunde bekommen zusammen drei Teile.
Das sind:

$\frac{1}{4}$ für dich und $3 \cdot \frac{1}{4} = \frac{3}{4}$ für deine Freunde.

$\frac{1}{4}$ und $\frac{3}{4}$ sind Brüche.

Mit Brüchen bezeichnet man Teile von Ganzen.
Ein Bruch besteht aus zwei Zahlen, die durch einen Bruchstrich voneinander getrennt sind.

Die Zahl **über** dem Bruchstrich heißt **Zähler.**
Die Zahl **unter** dem Bruchstrich heißt **Nenner.**

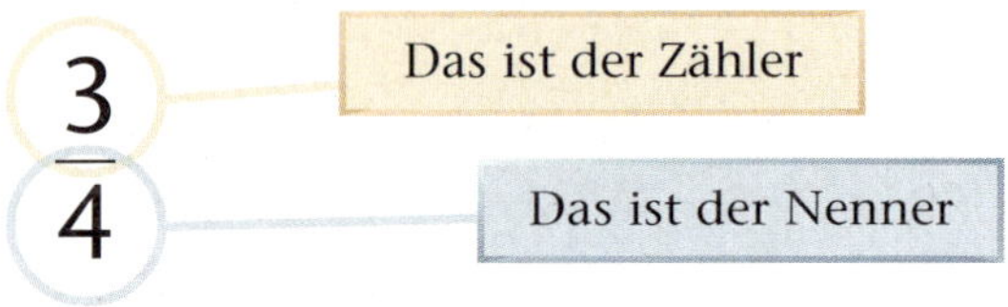

Der Nenner gibt an, in wie viele gleiche Teile das Ganze geteilt werden soll.
Der Zähler gibt an, wie viele von diesen gleichen Teilen genommen und zusammengefasst werden sollen.

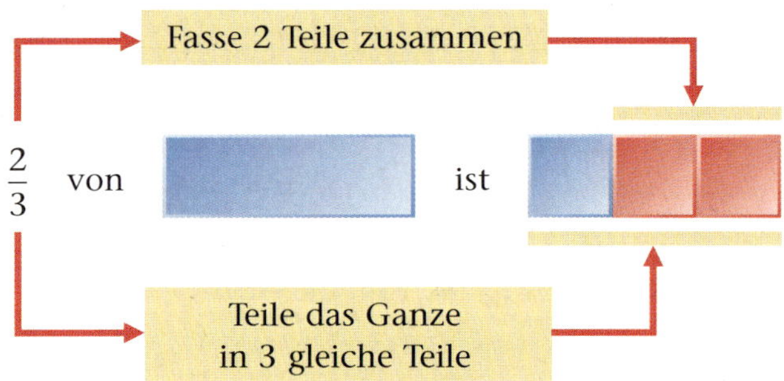

Weitere Beispiele:

- $\frac{5}{8}$ von 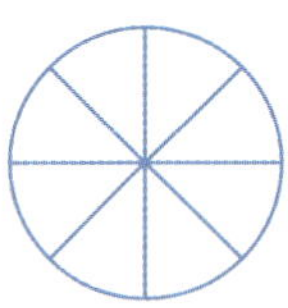 ist 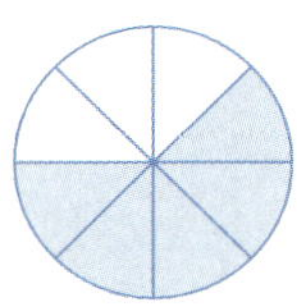 ;
- $\frac{7}{9}$ von  ist 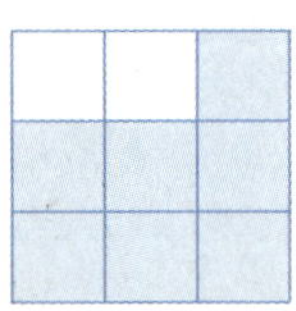 .

1 Konstruiere die zugehörige Figur:

a) $\frac{3}{5}$ von 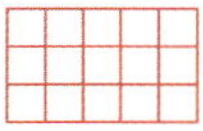 ;

b) $\frac{3}{4}$ von 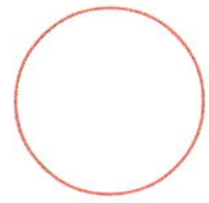 ;

c) $\frac{5}{9}$ von 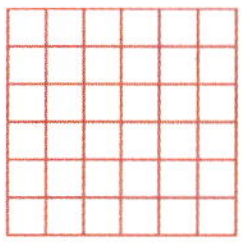 ;

d) $\frac{7}{8}$ von 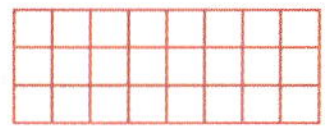 ;

e) $\frac{5}{8}$ von 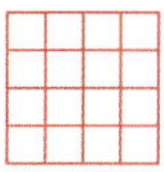 ;

f) $\frac{11}{18}$ von 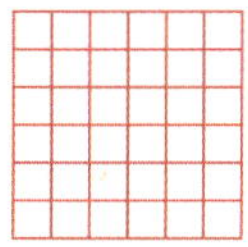 ;

g) $\frac{1}{6}$ von 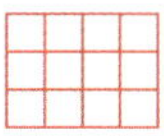 ;

h) $\frac{7}{12}$ von 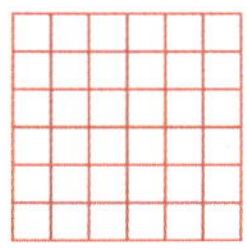 ;

i) $\frac{4}{15}$ von 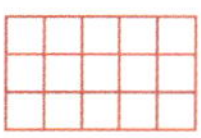 ;

k) $\frac{5}{6}$ von 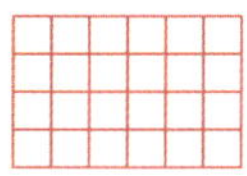 .

In der folgenden Aufgabe ist jeweils eine Teilungsfigur gegeben. Ermittelt werden soll der Bruch, der zu dieser Figur führt.

Überlege so:

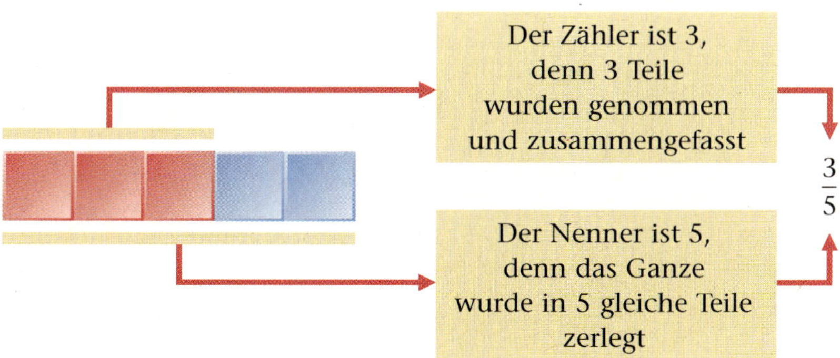

Weitere Beispiele:

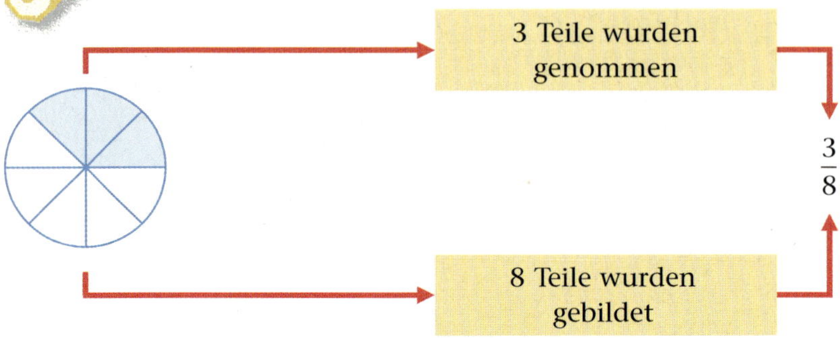

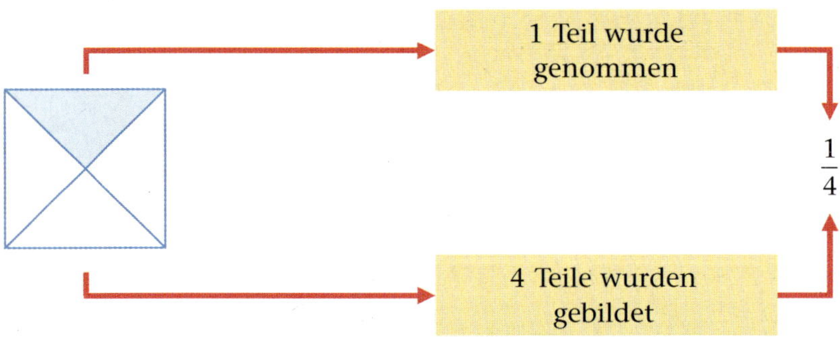

2 Bestimme den zugehörigen Bruch. Vergewissere dich in jedem Fall zuerst, ob das Ganze auch wirklich in **gleiche** Teile geteilt wurde.

a) 

b) 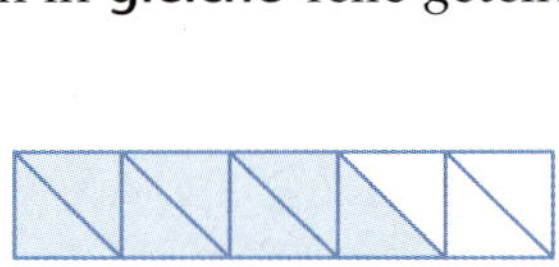

c) 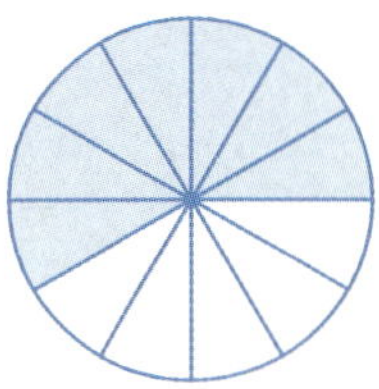

d) 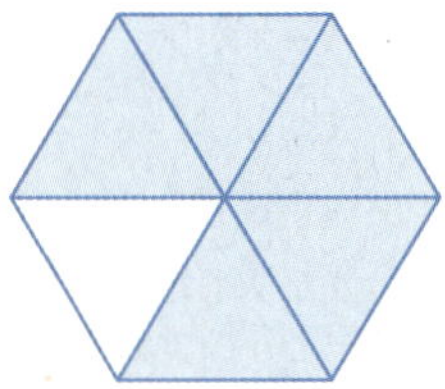

e) 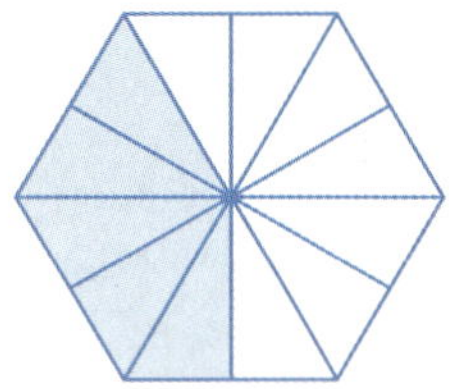

f) 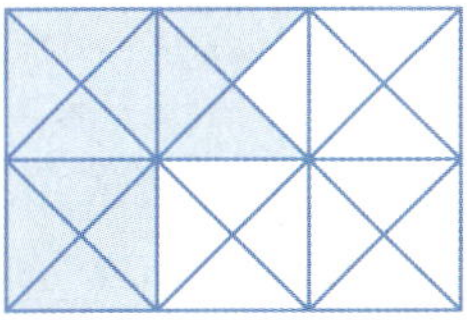

g) 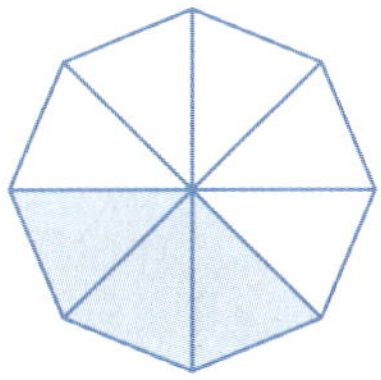

h) 

i) 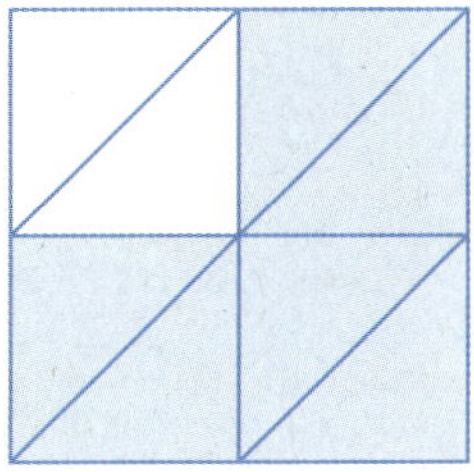

k) 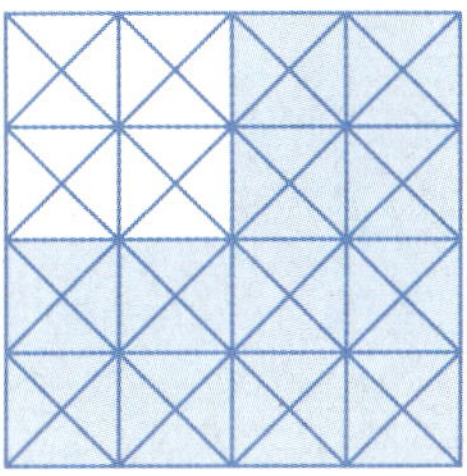

l) 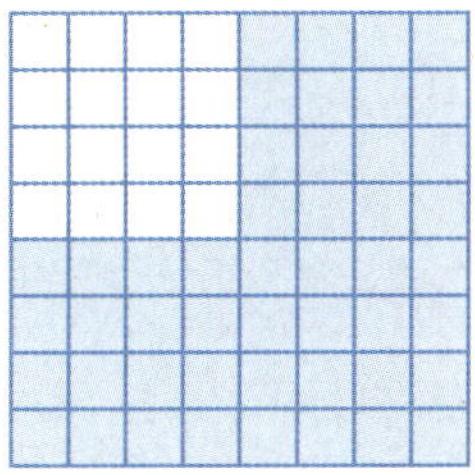

2. Maßzahl und Maßeinheit

Bisher haben wir als das Ganze stets geometrische Figuren, wie z.B. Kreise, Rechtecke oder Quadrate gewählt. Das war so schön anschaulich. Jetzt aber wollen wir einmal als Ganze nicht mehr derartige geometrische Figuren, sondern **Größen** nehmen. Eine Größe besteht aus **Maßzahl** und **Maßeinheit:**

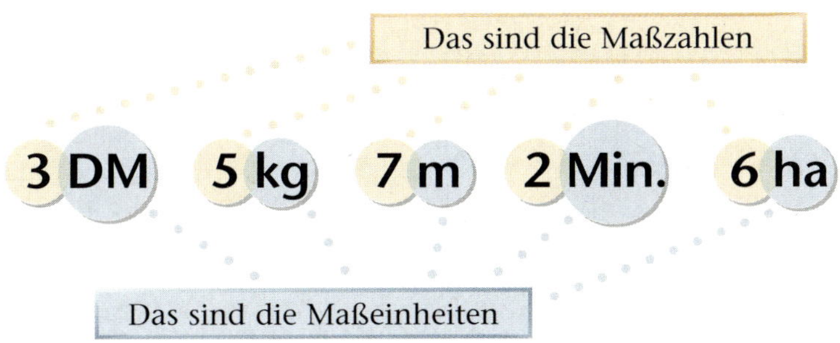

Susanne bekommt monatlich 45 DM Taschengeld.
$\frac{2}{5}$ davon spart sie. Wie viel DM sind das?

Es sind jetzt also $\frac{2}{5}$ von 45 DM zu berechnen.

Überlege so:

Das **Ganze** sind die 45 DM.

Der **Nenner** des Bruches gibt an, in wie viele gleiche Teile das Ganze zu teilen ist.

Der Nenner ist 5.

Du musst also rechnen:

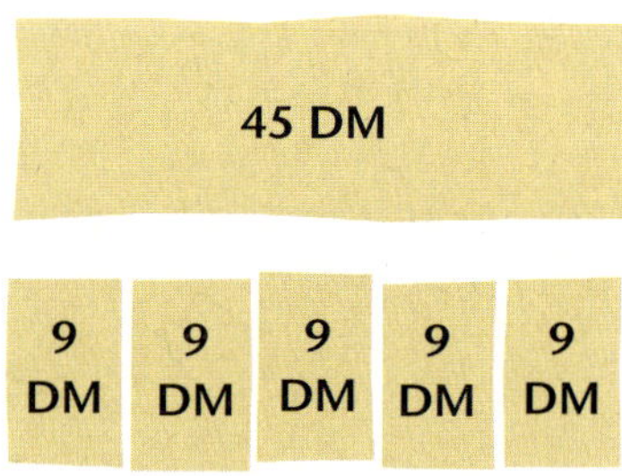

45 DM : 5 = 9 DM.

Der **Zähler** gibt an, wie viele der so entstandenen Teile zusammengefasst werden sollen.

Der Zähler ist 2.

Du musst also rechnen:

$$9 \text{ DM} \cdot 2 = 18 \text{ DM}.$$

Damit hast du das gesuchte Ergebnis erhalten:

$$\frac{2}{5} \text{ von } 45 \text{ DM} = 18 \text{ DM}.$$

Susanne spart monatlich 18 DM.

Und so hast du gerechnet:

Fasse 2 Teile zusammen

$$\frac{2}{5} \text{ von } 45 \text{ DM} = (45 \text{ DM} : \mathbf{5}) \cdot \mathbf{2} = 9 \text{ DM} \cdot 2 = 18 \text{ DM}$$

Teile das Ganze in 5 gleiche Teile

Weitere Beispiele:

- $\frac{3}{8}$ von 56 m = (56 m : **8**) · **3** = 7 m · 3 = 21 m.
- $\frac{3}{7}$ von 497 m = (497 m : **7**) · **3** = 71 m · 3 = 213 m.

- $\frac{5}{9}$ von 1431 kg = (1431 kg : **9**) · **5** = 159 kg · 5 = 795 kg.

- $\frac{11}{15}$ von 420 Min. = (420 Min. : **15**) · **11** = 28 Min. · 11 = 308 Min.

3 Berechne:

a) $\frac{3}{5}$ von 135 DM; **b)** $\frac{3}{11}$ von 737 kg; **c)** $\frac{2}{3}$ von 123 Min.;

d) $\frac{4}{9}$ von 2313 m^2; **e)** $\frac{5}{12}$ von 672 dm^3; **f)** $\frac{7}{10}$ von 6370 m;

g) $\frac{4}{25}$ von 3775 DM; **h)** $\frac{323}{555}$ von 12 210 m; **i)** $\frac{4}{97}$ von 8051 kg;

k) $\frac{36}{77}$ von 5929 m^2.

Berechne

$\frac{2}{3}$ von 2 Stunden.

Da du 2 Stunden nicht durch 3 teilen kannst, musst du die Stunden zunächst einmal in Minuten umwandeln. Rechne also so:

$\frac{2}{3}$ von 2 Stunden = $\frac{2}{3}$ von 120 Min. = (120 : **3**) · **2** = 80 Min.
= 1 Std. 20 Min.

Weitere Beispiele:

- $\frac{5}{18}$ von 9 m = $\frac{5}{18}$ von 900 cm = (900 cm : **18**) · **5** = 250 cm
  = 2 m 50 cm.

- $\frac{7}{12}$ von 3 kg = $\frac{7}{12}$ von 3000 g = (3000 g : **12**) · **7** = 1750 g
  = 1 kg 750 g.

- $\frac{4}{15}$ von 6 m^2 = $\frac{4}{15}$ von 600 dm^2 = (600 dm^2 : **15**) · **4** = 160 dm^2
  = 1 m^2 60 dm^2.

Und so wird umgerechnet:

1 Tag = 24 Stunden;
1 Stunde = 60 Minuten = 3600 Sekunden;
1 m = 10 dm = 100 cm = 1000 mm;
1 m^2 = 100 dm^2 = 10 000 cm^2 = 1 000 000 mm^2;
1 m^3 = 1000 dm^3 = 1 000 000 cm^3 = 1 000 000 000 mm^3;
1 kg = 1000 g = 1 000 000 mg.

4 Berechne:

a) $\frac{3}{5}$ von 3 Std.; **b)** $\frac{5}{18}$ von 3 Tagen; **c)** $\frac{10}{21}$ von 14 Min.;

d) $\frac{9}{25}$ von 30 Std.; **e)** $\frac{3}{8}$ von 5 kg; **f)** $\frac{7}{15}$ von 12 m;

g) $\frac{23}{24}$ von 18 m^2; **h)** $\frac{17}{96}$ von 3 m^3; **i)** $\frac{17}{96}$ von 6 Std.

Statt $\frac{2}{3}$ von 1 Stunde schreibt man $\frac{2}{3}$ Stunden.
Statt $\frac{4}{5}$ von 1 m schreibt man $\frac{4}{5}$ m.
Statt $\frac{7}{8}$ von 1 kg schreibt man $\frac{7}{8}$ kg.

Wenn du also ausrechnen sollst, wie viel Gramm $\frac{7}{8}$ kg sind, dann musst du so vorgehen:

$$\frac{7}{8}\text{ kg} = \frac{7}{8}\text{ von 1 kg} = \frac{\mathbf{7}}{\mathbf{8}}\text{ von 1000 g} = (1000\text{ g} : \mathbf{8}) \cdot \mathbf{7} = 875\text{ g.}$$

Weitere Beispiele:

- $\frac{4}{5}\text{ m} = \frac{4}{5}\text{ von 1 m} = \frac{\mathbf{4}}{\mathbf{5}}\text{ von 100 cm} = (100\text{ cm} : \mathbf{5}) \cdot \mathbf{4} = 80\text{ cm.}$

- $\frac{2}{3}\text{ Std.} = \frac{2}{3}\text{ von 1 Std.} = \frac{\mathbf{2}}{\mathbf{3}}\text{ von 60 Min.} = (60\text{ Min.} : \mathbf{3}) \cdot \mathbf{2} = 40\text{ Min.}$

- $\frac{9}{16}\text{ m}^2 = \frac{9}{16}\text{ von 1 m}^2 = \frac{\mathbf{9}}{\mathbf{16}}\text{ von 10 000 cm}^2 = (10\,000\text{ cm}^2 : \mathbf{16}) \cdot \mathbf{9}$
$= 5625\text{ cm}^2.$

5 Gib in der in Klammern stehenden Einheit an:

a) $\frac{3}{4}$ Tage [Std.]; **b)** $\frac{7}{8}$ m [mm]; **c)** $\frac{24}{25}$ DM [Pfg.];

d) $\frac{3}{20}$ kg [g]; **e)** $\frac{4}{125}$ kg [g]; **f)** $\frac{13}{32}$ m^3 [cm^3];

g) $\frac{13}{20}$ m [cm]; **h)** $\frac{17}{125}$ dm^2 [mm^2]; **i)** $\frac{5}{12}$ Min. [Sek.];

k) $\frac{4}{15}$ Std. [Sek.]; **l)** $\frac{3}{15}$ Tage [Min.]; **m)** $\frac{23}{125}$ m^3 [dm^3];

n) $\frac{5}{64}$ m^2 [mm^2].

Da sie eine größere Anschaffung plant, legt Andrea von ihrem Taschengeld jeden Monat 12 DM auf die hohe Kante.

Diese 12 DM machen gerade $\frac{2}{5}$ ihres monatlichen Taschengeldbetrages aus.

Wie hoch ist dieser?

$\frac{2}{5}$ von [?] = 12 DM

Überlege so:

Der monatliche Taschengeldbetrag ist das unbekannte Ganze.

Es wurde in **5** Teile zerlegt.

2 dieser Teile ergeben zusammen 12 DM.

Einer dieser Teile ergibt 12 DM **: 2** = 6 DM.

Das unbekannte Ganze besteht aus **5** dieser Teile.

Das Ganze ist 6 DM **· 5** = 30 DM.

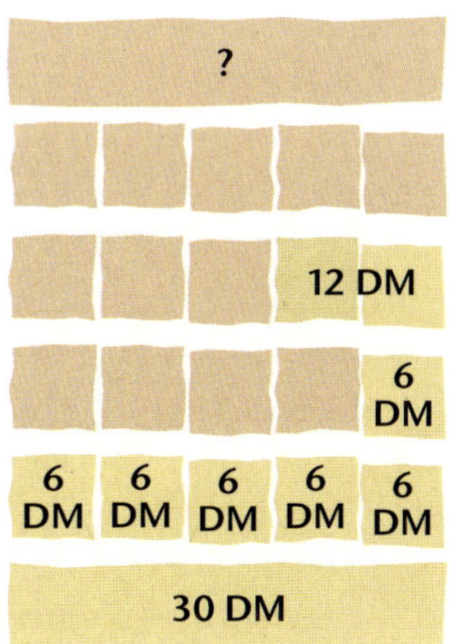

Und so hast du gerechnet:

$\frac{2}{5}$ von $\square$ = 12 DM

(12 DM **: 2**) **· 5** = **30** DM

Der monatliche Taschengeldbetrag ist 30 DM.
Probe:

$\frac{2}{5}$ von 30 DM = (30 **: 5**) **· 2** = 12 DM.

Weitere Beispiele:

$\frac{7}{8}$ von $\square$ = 35 m

(35 m **: 7**) **· 8** = **40** m.

$\frac{12}{13}$ von $\square$ = 84 DM

(84 DM **: 12**) **· 13** = **91** DM.

6 Fülle die Leerstelle aus:

a) $\frac{3}{5}$ von $\square$ = 27 m; **b)** $\frac{6}{11}$ von $\square$ = 42 DM;

c) $\frac{5}{6}$ von $\square$ = 35 kg; **d)** $\frac{11}{32}$ von $\square$ = 77 DM;

e) $\frac{4}{9}$ von ☐ = 72 kg;

f) $\frac{7}{12}$ von ☐ = 105 km;

g) $\frac{25}{38}$ von ☐ = 175 DM;

h) $\frac{18}{50}$ von ☐ = 126 m^2;

i) $\frac{8}{50}$ von ☐ = 96 km;

k) $\frac{10}{33}$ von ☐ = 250 kg;

l) $\frac{12}{125}$ von ☐ = 144 m;

m) $\frac{7}{34}$ von ☐ = 84 kg.

Du sollst in der Aussageform

$\frac{☐}{7}$ von 35 kg = 15 kg den fehlenden Zähler ergänzen.

Überlege so:

Die 35 kg sind das Ganze.

Es wurde in 7 gleiche Teile zerlegt. Jeder dieser Teile beträgt **35 kg : 7** = 5 kg.

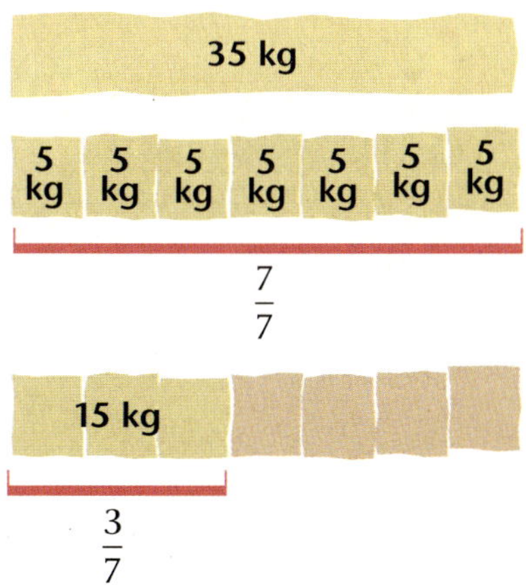

5 kg sind in 15 kg dreimal enthalten, denn 15 kg : 5 kg = 3. Also wurden 3 Teile zusammengefasst.

Der gesuchte Zähler ist 3.

Und so hast du gerechnet:

$\frac{☐}{7}$ von 35 kg = 15 kg

15 kg : (**35 kg : 7**) = 15 kg : 5 kg = 3.

Probe:

$$\frac{3}{7} \text{ von } 35 \text{ kg} = (35 \text{ kg} \mathbin{\mathbf{:}} \mathbf{7}) \cdot \mathbf{3} = 5 \text{ kg} \cdot 3 = 15 \text{ kg}.$$

Weitere Beispiele:

- $$\frac{\square}{5} \text{ von } 65 \text{ DM} = 39 \text{ DM}$$

  $$39 \text{ DM} : (\mathbf{65\ DM} \mathbin{\mathbf{:}} \mathbf{5}) = 39 \text{ DM} : 13 \text{ DM} = 3.$$

- $$\frac{\square}{12} \text{ von } 108 \text{ m} = 45 \text{ m}$$

  $$45 \text{ m} : (\mathbf{108\ m} \mathbin{\mathbf{:}} \mathbf{12}) = 45 \text{ m} : 9 \text{ m} = 5.$$

7 Ergänze den fehlenden Zähler. (Mache stets auch die Probe!)

a) $\frac{\square}{4}$ von 36 kg = 27 kg; **b)** $\frac{\square}{8}$ von 48 DM = 30 DM;

c) $\frac{\square}{7}$ von 63 m = 36 m; **d)** $\frac{\square}{15}$ von 135 Min. = 36 Min.;

e) $\frac{\square}{5}$ von 85 DM = 51 DM; **f)** $\frac{\square}{11}$ von 187 m^2 = 51 m^2;

g) $\frac{\square}{3}$ von 336 kg = 224 kg; **h)** $\frac{\square}{12}$ von 144 DM = 108 DM;

i) $\frac{\square}{21}$ von 189 m = 81 m;

k) $\frac{\square}{17}$ von 306 kg = 270 kg;

l) $\frac{\square}{16}$ von 400 dm = 175 dm;

m) $\frac{\square}{25}$ von 1000 DM = 520 DM;

n) $\frac{\square}{19}$ von 684 m^2 = 432 m^2;

o) $\frac{\square}{45}$ von 1260 DM = 924 DM;

p) $\frac{\square}{50}$ von 3500 kg = 1190 kg;

q) $\frac{\square}{22}$ von 1386 km = 1071 km;

r) $\frac{\square}{28}$ von 1568 m = 1400 m;

s) $\frac{\square}{19}$ von 1691 DM = 1335 DM.

Du sollst in der Aussageform

$\frac{5}{\square}$ von 72 m = 45 m den fehlenden Nenner ergänzen.

Überlege so:

Bei den 45 m

handelt es sich um 5 der gleichen Teile, in die das Ganze zerlegt wurde. Jeder Teil beträgt also 45 m : **5** = 9 m

Das Ganze sind die 72 m.
9 m sind in 72 m achtmal enthalten, weil 72 m : 9 m = 8.

Das Ganze besteht also aus 8 Teilen zu je 9 m.

Der gesuchte Nenner ist 8.

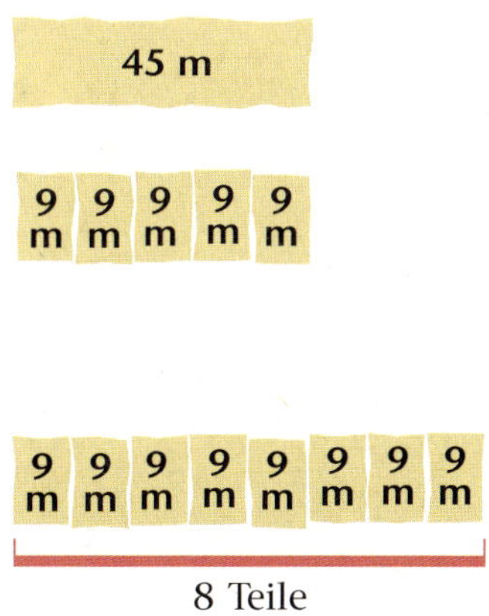

Und so hast du gerechnet:

$\frac{5}{\square}$ von 72 m = 45 m

72 m : (45 m **: 5**) = 72 m : 9 m = 8.

Probe:

$\frac{5}{8}$ von 72 m = (72 m **: 8**) **· 5** = 9 m · 5 = 45 m.

Weitere Beispiele:

- $\frac{8}{\square}$ von 99 kg = 72 kg

  99 kg : (72 kg **: 8**) = 99 kg : 9 kg = 11.

- $\frac{12}{\square}$ von 400 DM = 192 DM

  400 DM : (192 DM **: 12**) = 400 DM : 16 DM = 25.

8 Ergänze den fehlenden Nenner. (Mache stets auch die Probe!)

a) $\frac{3}{\square}$ von 45 kg = 27 kg; **b)** $\frac{7}{\square}$ von 56 m = 49 m;

c) $\frac{5}{\square}$ von 54 DM = 30 DM; **d)** $\frac{4}{\square}$ von 161 km = 92 km;

e) $\frac{12}{\square}$ von 425 Min. = 300 Min.; f) $\frac{10}{\square}$ von 672 kg = 320 kg;

g) $\frac{8}{\square}$ von 240 m = 128 m; h) $\frac{6}{\square}$ von 132 t = 72 t;

i) $\frac{7}{\square}$ von 484 m^2 = 154 m^2; k) $\frac{13}{\square}$ von 676 Min. = 338 Min.;

l) $\frac{11}{\square}$ von 2057 km = 1331 km; m) $\frac{15}{\square}$ von 1968 kg = 1845 kg;

n) $\frac{25}{\square}$ von 5472 DM = 3600 DM; o) $\frac{14}{\square}$ von 5550 t = 3108 t;

p) $\frac{22}{\square}$ von 575 Min. = 506 Min.; q) $\frac{25}{\square}$ von 4560 kg = 2000 kg.

3. Zusammenfassung

Das hast du im 1. Kapitel gelernt:

*1. Ein Bruch besteht aus dem **über** dem Bruchstrich stehenden **Zähler** und dem **unter** dem Bruchstrich stehenden **Nenner**.*

$\frac{z}{n}; n \neq 0$

*2. Mit Brüchen kann man Teile von Ganzen bezeichnen. Der **Nenner** gibt an, in wie viele gleiche Teile das Ganze zerlegt wird, der **Zähler** gibt an, wie viele dieser Teile zusammengefasst werden.*

$\frac{z}{n}$ von $g = (g:n) \cdot z$

Merke: Da man das Ganze nicht in null gleiche Teile zerlegen kann, ist ein Bruch mit dem Nenner Null ein sinnloses Gebilde. Deshalb setzen wir fest:

4. Test zum 1. Kapitel

Mithilfe des folgenden Tests kannst du überprüfen, ob du den Stoff des 1. Kapitels verstanden hast und seine Anwendung beherrschst. Wenn du mehr als 7 Fehler machst, dann solltest du das 1. Kapitel noch einmal durcharbeiten.

1 Berechne:

a) $\frac{2}{3}$ von 15m; **b)** $\frac{7}{8}$ von 96 kg;

c) $\frac{3}{5}$ von 135 Min.; **d)** $\frac{5}{16}$ von 144 m^2;

e) $\frac{3}{19}$ von 228 DM; **f)** $\frac{5}{9}$ von 12 Tagen; **g)** $\frac{9}{16}$ von 6 m;

h) $\frac{8}{15}$ von 3 kg; **i)** $\frac{15}{24}$ von 3 m^2; **k)** $\frac{11}{20}$ von 4 m^3.

2 Schreibe mit der in Klammern stehenden Einheit:

a) $\frac{2}{3}$ Min. [Sek.]; **b)** $\frac{7}{8}$ kg [g]; **c)** $\frac{5}{12}$ Tage [Std.];

d) $\frac{7}{15}$ Std. [Min.]; **e)** $\frac{5}{8}$ m [mm].

3 Fülle die Leerstellen aus:

a) $\frac{2}{5}$ von $\square$ = 14 m; **b)** $\frac{\square}{5}$ von 95 kg = 57 kg;

c) $\frac{7}{\square}$ von 72 kg = 63 kg; **d)** $\frac{\square}{5}$ m = 60 cm;

e) $\frac{3}{8}$ von $\square$ = 36 kg;

f) $\frac{\square}{7}$ von 105 Min. = 90 Min.;

g) $\frac{4}{\square}$ von 279 m = 124 m;

h) $\frac{7}{\square}$ kg = 875 g;

i) $\frac{9}{14}$ von $\square$ = 117 DM;

k) $\frac{\square}{12}$ von 288 m = 168 m;

l) $\frac{2}{\square}$ von 136 Min. = 16 Min.;

m) $\frac{\square}{18}$ Std. = 1400 Sek.;

n) $\frac{7}{16}$ von $\square$ = 126 m^2;

o) $\frac{\square}{8}$ von 144 m^2 = 90 m^2;

p) $\frac{8}{\square}$ von 225 DM = 200 DM;

q) $\frac{\square}{9}$ Tage = 800 Min.;

r) $\frac{11}{12}$ von $\square$ = 154 Min.;

s) $\frac{\square}{17}$ von 187 DM = 44 DM;

t) $\frac{5}{\square}$ von 165 DM = 75 DM;

u) $\frac{3}{\square}$ m = 375 mm.

Kapitel 2

Erweitern und Kürzen von Brüchen

1. Regeln und Verfahren

Wer hat Recht?
Alle haben Recht!
Denn:

$\frac{3}{4}$ von 24 kg = (24 kg : 4) · 3 = 6 kg · 3 = 18 kg;

$\frac{6}{8}$ von 24 kg = (24 kg : 8) · 6 = 3 kg · 6 = 18 kg;

$\frac{9}{12}$ von 24 kg = (24 kg : 12) · 9 = 2 kg · 9 = 18 kg;

$\frac{18}{24}$ von 24 kg = (24 kg : 24) · 18 = 1 kg · 18 = 18 kg.

Im Bild sieht das so aus:

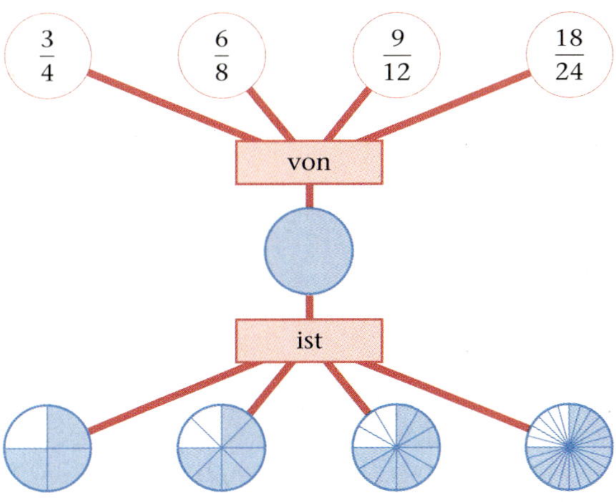

2 Erweitern und Kürzen von Brüchen

Die Brüche $\frac{3}{4}$, $\frac{6}{8}$, $\frac{9}{12}$ und $\frac{18}{24}$ bezeichnen jeweils den gleichen Teil des Ganzen.

Die Brüche $\frac{3}{4}$, $\frac{6}{8}$, $\frac{9}{12}$ und $\frac{18}{24}$ sind gleich: $\frac{3}{4} = \frac{6}{8} = \frac{9}{12} = \frac{18}{24}$.

Aus dem Beispiel entnehmen wir:

Ebenso gilt:

$$\frac{3}{4} = \frac{9}{12} = \frac{3 \cdot 3}{4 \cdot 3}$$

und

$$\frac{3}{4} = \frac{18}{24} = \frac{3 \cdot 6}{4 \cdot 6}$$

Ebenso gilt:

$$\frac{9}{12} = \frac{3}{4} = \frac{9:3}{12:3}$$

und

$$\frac{18}{24} = \frac{3}{4} = \frac{18:6}{24:6}$$

Allgemein:

$$\frac{a}{b} = \frac{a \cdot n}{b \cdot n} \quad (b \neq 0;\ n \neq 0)$$

Die Multiplikation von Zähler und Nenner eines Bruches mit derselben Zahl bezeichnet man als **Erweitern.**

Allgemein:

$$\frac{a}{b} = \frac{a : n}{b : n} \quad (b \neq 0;\ n \neq 0)$$

Die Division von Zähler und Nenner eines Bruches durch dieselbe Zahl bezeichnet man als **Kürzen.**

Brüche, die durch Erweitern oder Kürzen auseinander hervorgehen, sind gleich!

Um den Bruch $\frac{3}{4}$ mit 6 zu erweitern, rechne so:

$$\frac{3}{4} = \frac{3 \cdot 6}{4 \cdot 6} = \frac{18}{24}.$$

1 Erweitere die folgenden Brüche mit 7:

a) $\frac{3}{8}$; **b)** $\frac{7}{12}$; **c)** $\frac{5}{9}$; **d)** $\frac{4}{21}$; **e)** $\frac{9}{11}$;

f) $\frac{12}{17}$; **g)** $\frac{13}{18}$; **h)** $\frac{28}{37}$; **i)** $\frac{45}{92}$; **k)** $\frac{35}{39}$.

2 Erweitere:

a) $\frac{5}{8}$ mit 6; **b)** $\frac{5}{9}$ mit 12; **c)** $\frac{7}{12}$ mit 5; **d)** $\frac{11}{12}$ mit 8;

e) $\frac{4}{13}$ mit 11; **f)** $\frac{21}{25}$ mit 25; **g)** $\frac{17}{19}$ mit 9; **h)** $\frac{8}{15}$ mit 15;

i) $\frac{13}{34}$ mit 4; **k)** $\frac{12}{49}$ mit 30.

Du sollst den Bruch $\frac{3}{5}$ durch Erweitern in einen Bruch mit dem Nenner 60 umwandeln.

Überlege so:
Der **ursprüngliche** Nenner ist 5.
Der **neue** Nenner ist 60.

Du musst also mit $60 : 5 = 12$ erweitern.

$$\frac{3}{5} = \frac{3 \cdot 12}{60} = \frac{36}{60}.$$

Und so hast du gerechnet:

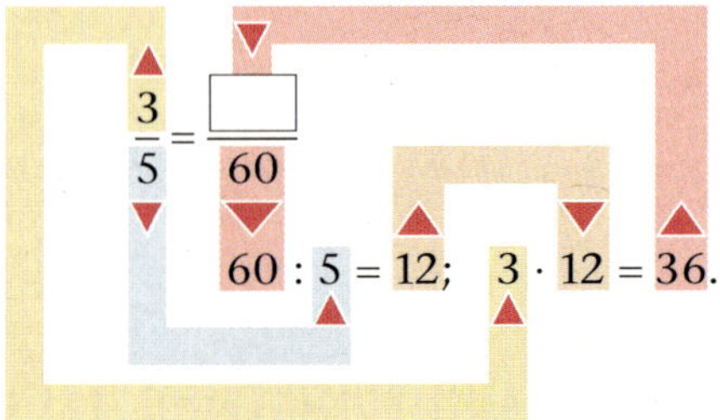

3 Schreibe die folgenden Brüche mit dem Nenner 60:

a) $\frac{1}{2}$; **b)** $\frac{3}{4}$; **c)** $\frac{5}{6}$; **d)** $\frac{27}{30}$; **e)** $\frac{4}{15}$;

f) $\frac{2}{3}$; **g)** $\frac{4}{5}$; **h)** $\frac{7}{20}$; **i)** $\frac{11}{30}$; **k)** $\frac{13}{15}$.

4 Schreibe die folgenden Brüche mit dem Nenner 144:

a) $\frac{1}{2}$; **b)** $\frac{3}{4}$; **c)** $\frac{7}{8}$; **d)** $\frac{7}{9}$; **e)** $\frac{7}{12}$;

f) $\frac{13}{16}$; **g)** $\frac{17}{18}$; **h)** $\frac{11}{48}$; **i)** $\frac{13}{24}$; **k)** $\frac{29}{48}$.

5 Schreibe die folgenden Brüche mit dem **Zähler** 72 (verfahre ähnlich wie beim Nenner):

a) $\frac{3}{4}$; **b)** $\frac{8}{11}$; **c)** $\frac{18}{25}$; **d)** $\frac{9}{13}$; **e)** $\frac{12}{17}$;

f) $\frac{36}{55}$; **g)** $\frac{4}{9}$; **h)** $\frac{2}{29}$; **i)** $\frac{6}{11}$; **k)** $\frac{1}{12}$.

6 Fülle die Leerstellen aus:

a) $\frac{5}{8} = \frac{\square}{48}$; **b)** $\frac{5}{9} = \frac{45}{\square}$; **c)** $\frac{3}{10} = \frac{\square}{80}$; **d)** $\frac{5}{17} = \frac{\square}{136}$;

e) $\frac{5}{17} = \frac{85}{\square}$; **f)** $\frac{7}{72} = \frac{56}{\square}$; **g)** $\frac{11}{18} = \frac{\square}{144}$;

h) $\frac{3}{5} = \frac{\square}{25} = \frac{24}{\square} = \frac{\square}{55} = \frac{39}{\square} = \frac{\square}{195} = \frac{114}{\square}$;

i) $\frac{2}{3} = \frac{8}{\square} = \frac{\square}{15} = \frac{34}{\square} = \frac{\square}{78} = \frac{122}{\square} = \frac{\square}{252}$;

k) $\frac{4}{9} = \frac{\square}{54} = \frac{88}{\square} = \frac{224}{\square} = \frac{\square}{288} = \frac{484}{\square} = \frac{\square}{558}$;

l) $\frac{11}{12} = \frac{33}{\square} = \frac{\square}{132} = \frac{132}{\square} = \frac{\square}{108} = \frac{176}{\square} = \frac{\square}{144}$.

Der Bruch $\frac{24}{36}$ lässt sich mit 2 kürzen, denn 2 ist sowohl Teiler von 24 als auch Teiler von 36:

$$\frac{24}{36} = \frac{24:2}{36:2} = \frac{12}{18}.$$

Der so erhaltene Bruch $\frac{12}{18}$ lässt sich nochmals mit 2 kürzen, denn 2 ist gemeinsamer Teiler von 12 und 18:

$$\frac{12}{18} = \frac{12:2}{18:2} = \frac{6}{9}.$$

Der so erhaltene Bruch $\frac{6}{9}$ lässt sich mit 3 kürzen, denn 3 ist gemeinsamer Teiler von 6 und 9:

$$\frac{6}{9} = \frac{6:3}{9:3} = \frac{2}{3}.$$

Der zuletzt erhaltene Bruch $\frac{2}{3}$ lässt sich nicht mehr kürzen, denn Zähler und Nenner haben keinen gemeinsamen Teiler, sie sind teilerfremd.

Sind in einem Bruch Zähler und Nenner teilerfremd, so sagt man:

„Der Bruch hat seine Grundform“

oder:

„Der Bruch ist vollständig gekürzt“.

Und so haben wir den Bruch $\frac{24}{36}$ schrittweise in seine Grundform gebracht:

$$\frac{24}{36} = \frac{12}{18} = \frac{6}{9} = \frac{2}{3}$$

Statt nacheinander mit 2, noch einmal mit 2 und dann mit 3 zu kürzen, wären wir auch durch einmaliges Kürzen mit

$$2 \cdot 2 \cdot 3 = 12$$

zum Ziel gekommen:

$$\frac{24}{36} = \frac{24:12}{36:12} = \frac{2}{3}.$$

Der Bruch $\frac{144}{216}$ soll vollständig gekürzt werden.
Schrittweise geht es so:

$$\frac{144}{216} = \frac{72}{108} = \frac{36}{54} = \frac{18}{27} = \frac{6}{9} = \frac{2}{3}$$

Schneller geht es aber so:

$$\frac{144}{216} = \frac{2}{3}$$

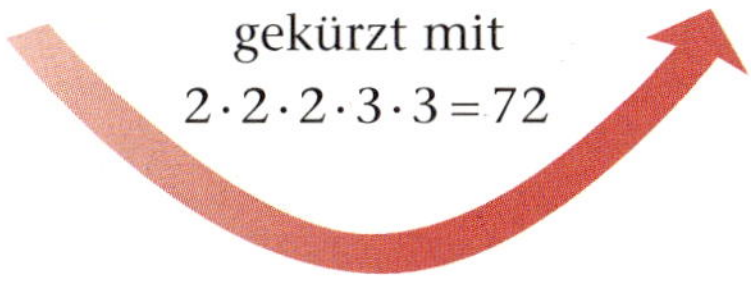

Um beim Kürzen schneller zum Ziel zu kommen, ist es nützlich, sich die folgenden Teilbarkeitsregeln einzuprägen:

Eine Zahl ist durch 2 teilbar, wenn sie auf 0, 2, 4, 6 oder 8 endet.

Eine Zahl ist durch 3 teilbar, wenn ihre Quersumme durch 3 teilbar ist.

Eine Zahl ist durch 4 teilbar, wenn ihre beiden letzten Ziffern 00 sind oder eine durch 4 teilbare Zahl bilden.

Eine Zahl ist durch 5 teilbar, wenn sie auf 0 oder 5 endet.

Eine Zahl ist durch 6 teilbar, wenn sie sowohl durch 2 als auch durch 3 teilbar ist.

Eine Zahl ist durch 8 teilbar, wenn ihre drei letzten Ziffern 000 sind oder eine durch 8 teilbare Zahl bilden.

Eine Zahl ist durch 9 teilbar, wenn ihre Quersumme durch 9 teilbar ist.

Eine Zahl ist durch 12 teilbar, wenn sie sowohl durch 3 als auch durch 4 teilbar ist.

Eine Zahl ist durch 15 teilbar, wenn sie sowohl durch 5 als auch durch 3 teilbar ist.

Eine Zahl ist durch 18 teilbar, wenn sie sowohl durch 2 als auch durch 9 teilbar ist.

Eine Zahl ist durch 25 teilbar, wenn ihre beiden letzten Ziffern 00, 25, 50 oder 75 sind.

7 Kürze vollständig. (Du kannst dabei auch in mehreren Schritten vorgehen.)

a) $\frac{6}{8}$; **b)** $\frac{15}{25}$; **c)** $\frac{12}{32}$; **d)** $\frac{27}{45}$; **e)** $\frac{16}{64}$;

f) $\frac{49}{84}$; **g)** $\frac{24}{60}$; **h)** $\frac{75}{90}$; **i)** $\frac{42}{98}$; **k)** $\frac{51}{85}$;

l) $\frac{55}{88}$; **m)** $\frac{48}{72}$; **n)** $\frac{36}{144}$; **o)** $\frac{60}{135}$; **p)** $\frac{56}{126}$;

q) $\frac{28}{84}$; r) $\frac{72}{192}$; s) $\frac{150}{225}$; t) $\frac{135}{180}$; u) $\frac{56}{128}$;

v) $\frac{65}{117}$; w) $\frac{112}{128}$; x) $\frac{448}{832}$; y) $\frac{324}{594}$; z) $\frac{560}{728}$.

Die Aufgabe:

„Dividiere das Produkt der Zahlen 28 und 32 durch die Zahl 4“

lässt sich mathematisch so formulieren:

$(28 \cdot 32) : 4.$

Normalerweise geht man so vor, dass man zuerst die Klammer ausrechnet und anschließend das so erhaltene Ergebnis durch 4 teilt:

$$(28 \cdot 32) : 4 =$$
$$896 \quad : 4 = \mathbf{224}$$

Einfacher geht es aber

so — oder — so

Man teilt zuerst den **1. Faktor** durch die Zahl 4 und multipliziert das so erhaltene Ergebnis mit dem 2. Faktor:

$$(28 \cdot 32) : 4 =$$
$$(28 : 4) \cdot 32 =$$
$$7 \quad \cdot 32 = \mathbf{224}.$$

Man teilt zuerst den **2. Faktor** durch die Zahl 4 und multipliziert das so erhaltene Ergebnis mit dem 1. Faktor:

$$(28 \cdot 32) : 4 =$$
$$28 \cdot (32 : 4) =$$
$$28 \cdot \quad 8 \quad = \mathbf{224}.$$

Vorsicht!

Keinesfalls beide Faktoren durch die Zahl 4 teilen!

Du hättest dann das Produkt nicht durch 4 geteilt, sondern durch $4 \cdot 4 = 16$!

Die Überlegung führt auf die folgende Regel:

*Ein Produkt wird durch eine Zahl geteilt, indem man **nur einen** der Faktoren durch diese Zahl teilt.*

Auch bei Produkten aus drei oder mehr Faktoren darf **nur einer** der Faktoren durch die betreffende Zahl geteilt werden:

$(9 \cdot 12 \cdot 18) : 3$

$(9 \cdot 12 \cdot 18) : 3 =$	$(9 : 3) \cdot 12 \cdot 18 =$	$9 \cdot (12 : 3) \cdot 18 =$	$9 \cdot 12 \cdot (18 : 3) =$
$1944 \quad : 3 =$	$3 \quad \cdot 12 \cdot 18 =$	$9 \cdot \quad 4 \quad \cdot 18 =$	$9 \cdot 12 \cdot \quad 6 \quad =$
648	**648**	**648**	**648**

Oft ergeben sich nicht so viele Möglichkeiten, weil nicht alle in der Klammer auftretenden Faktoren durch die betreffende Zahl teilbar sind:

$(84 \cdot 15) : 7$

$(84 \cdot 15) : 7 =$	$(84 : 7) \cdot 15 =$	$84 \cdot (15 : 7)$
$1260 \quad : 7 = \mathbf{180}$	$12 \quad \cdot 15 = \mathbf{180}$	geht nicht, weil 15 nicht durch 7 teilbar ist.

8 Berechne auf mindestens zwei verschiedene Arten:

a) $(24 \cdot 18) : 6$; **b)** $(36 \cdot 24) : 12$; **c)** $(75 \cdot 90) : 15$;
d) $(80 \cdot 96) : 16$; **e)** $(72 \cdot 120) : 24$; **f)** $(15 \cdot 25 \cdot 30) : 5$;
g) $(27 \cdot 9 \cdot 6) : 3$; **h)** $(24 \cdot 5 \cdot 48) : 8$; **i)** $(39 \cdot 25) : 13$;
k) $(36 \cdot 12 \cdot 90) : 18$.

Bei dem Bruch

$$\frac{8 \cdot 45}{105 \cdot 28}$$

sind Zähler und Nenner unausgerechnete Produkte.
Wenn du diesen Bruch durch Kürzen in die Grundform bringen willst, so kannst du zuerst multiplizieren:

$$\frac{8 \cdot 45}{105 \cdot 28} = \frac{360}{2940}$$

und danach kürzen:

$$\frac{360}{2940} = \frac{360 : 60}{2940 : 60} = \frac{6}{49}.$$

Einfacher geht es aber, wenn du erst kürzt und dann multiplizierst:

$$\frac{8 \cdot 45}{105 \cdot 28} = \frac{(8 \cdot 45) : 15}{(105 \cdot 28) : 15} = \frac{8 \cdot (45 : 15)}{(105 : 15) \cdot 28} = \frac{8 \cdot 3}{7 \cdot 28}$$
$$= \frac{(8 \cdot 3) : 4}{(7 \cdot 28) : 4} = \frac{(8 : 4) \cdot 3}{7 \cdot (28 : 4)} = \frac{2 \cdot 3}{7 \cdot 7} = \frac{6}{49}.$$

Und so hast du gerechnet:

$$\frac{8 \cdot 45}{105 \cdot 28} = \frac{8 \cdot \overset{3}{\cancel{45}}}{\underset{7}{\cancel{105}} \cdot 28} = \frac{\overset{2}{\cancel{8}} \cdot \overset{3}{\cancel{45}}}{\underset{7}{\cancel{105}} \cdot \underset{7}{\cancel{28}}} = \frac{2 \cdot 3}{7 \cdot 7} = \frac{6}{49}$$

gekürzt mit 15

gekürzt mit 4

Und noch kürzer kannst du es so schreiben:

$$\frac{\overset{2}{\cancel{8}} \cdot \overset{3}{\cancel{45}}}{\underset{7}{\cancel{105}} \cdot \underset{7}{\cancel{28}}} = \frac{6}{49}.$$

Weitere Beispiele:

- **1. Schritt (/):**
  Kürze 24 gegen 72 mit 24
  2. Schritt (/):
  Kürze 49 gegen 35 mit 7

$$\frac{\overset{1}{\cancel{24}}\cdot\overset{7}{\cancel{49}}}{\underset{5}{\cancel{35}}\cdot\underset{3}{\cancel{72}}}=\frac{7}{15}$$

- **1. Schritt (/):**
  Kürze 18 gegen 72 mit 18
  2. Schritt (/):
  Kürze 5 gegen 25 mit 5
  3. Schritt (/):
  Kürze 15 gegen 5 mit 5
  4. Schritt (/):
  Kürze 3 gegen 24 mit 3

$$\frac{\overset{1}{\cancel{18}}\cdot\overset{1}{\cancel{5}}\cdot\overset{\overset{1}{\cancel{3}}}{\cancel{15}}}{\underset{\underset{1}{\cancel{5}}}{\cancel{25}}\cdot\underset{4}{\cancel{72}}\cdot\underset{8}{\cancel{24}}}=\frac{1}{32}$$

9 Kürze vor dem Multiplizieren vollständig:

a) $\frac{2\cdot 3}{9\cdot 8}$; b) $\frac{4\cdot 15}{5\cdot 22}$; c) $\frac{15\cdot 24}{16\cdot 25}$; d) $\frac{36\cdot 15}{45\cdot 24}$;

e) $\frac{17\cdot 26}{39\cdot 51}$; f) $\frac{8\cdot 9}{15\cdot 14}$; g) $\frac{45\cdot 26}{180\cdot 25}$; h) $\frac{14\cdot 45}{35\cdot 63}$;

i) $\frac{81\cdot 43}{86\cdot 99}$; k) $\frac{15\cdot 18}{54\cdot 25}$; l) $\frac{6\cdot 15\cdot 49}{7\cdot 16\cdot 72}$; m) $\frac{8\cdot 6\cdot 25}{45\cdot 7\cdot 32}$;

n) $\frac{8\cdot 13\cdot 7}{39\cdot 14\cdot 12}$; o) $\frac{25\cdot 9\cdot 8}{24\cdot 40\cdot 15}$; p) $\frac{72\cdot 26\cdot 9}{91\cdot 27\cdot 16}$; q) $\frac{9\cdot 11\cdot 10}{10\cdot 12\cdot 11}$;

r) $\frac{20\cdot 77\cdot 117}{21\cdot 90\cdot 143}$; s) $\frac{44\cdot 35\cdot 51}{84\cdot 66\cdot 68}$; t) $\frac{51\cdot 161\cdot 65}{230\cdot 170\cdot 91}$;

u) $\frac{16\cdot 14\cdot 28\cdot 18\cdot 63}{49\cdot 36\cdot 30\cdot 21\cdot 32}$.

2. Zusammenfassung

Das hast du im 2. Kapitel gelernt:

1. Ein Bruch wird erweitert, indem man Zähler und Nenner mit derselben, von Null verschiedenen Zahl multipliziert. Brüche, die durch Erweitern auseinander hervorgehen, sind gleich.

$$\frac{z}{n} = \frac{z \cdot e}{n \cdot e} \qquad n \neq 0, \quad e \neq 0$$

2. Ein Bruch wird gekürzt, indem man Zähler und Nenner durch dieselbe, von Null verschiedene Zahl dividiert. Brüche, die durch Kürzen auseinander hervorgehen, sind gleich.

$$\frac{z}{n} = \frac{z : k}{n : k} \qquad n \neq 0, \quad k \neq 0$$

3. Ein Bruch, bei dem Zähler und Nenner teilerfremd sind, lässt sich nicht kürzen. Man sagt dann:

„Der Bruch ist vollständig gekürzt"

oder:

„Der Bruch hat seine Grundform."

3. Test zum 2. Kapitel

Überprüfe mit den nachfolgenden Aufgaben, ob du den Stoff des 2. Kapitels beherrschst. Mehr als 5 Fehler sollten dir dabei nicht unterlaufen!

1 Erweitere:

a) $\frac{3}{4}$ mit 7; **b)** $\frac{5}{8}$ mit 11;

c) $\frac{6}{13}$ mit 15; **d)** $\frac{11}{12}$ mit 25; **e)** $\frac{17}{21}$ mit 13.

2 Schreibe die folgenden Brüche mit dem Nenner 120:

a) $\frac{4}{5}$; **b)** $\frac{7}{8}$; **c)** $\frac{13}{15}$; **d)** $\frac{17}{24}$; **e)** $\frac{2}{3}$.

3 Schreibe die folgenden Brüche mit dem Zähler 180:

a) $\frac{4}{5}$; b) $\frac{6}{13}$; c) $\frac{9}{11}$; d) $\frac{45}{53}$; e) $\frac{36}{49}$.

4 Fülle die Leerstellen aus:

a) $\frac{4}{7} = \frac{\square}{49}$; b) $\frac{7}{8} = \frac{91}{\square}$; c) $\frac{5}{13} = \frac{\square}{143}$; d) $\frac{11}{12} = \frac{121}{\square}$;

e) $\frac{15}{21} = \frac{\square}{168}$; f) $\frac{\square}{8} = \frac{21}{56}$; g) $\frac{\square}{12} = \frac{121}{132}$; h) $\frac{15}{\square} = \frac{90}{96}$;

i) $\frac{\square}{25} = \frac{336}{525}$; k) $\frac{13}{\square} = \frac{91}{105}$.

5 Kürze vollständig:

a) $\frac{14}{21}$; b) $\frac{80}{128}$; c) $\frac{72}{120}$; d) $\frac{135}{225}$;

e) $\frac{210}{693}$; f) $\frac{24 \cdot 25}{75 \cdot 36}$; g) $\frac{15 \cdot 27}{18 \cdot 45}$; h) $\frac{4 \cdot 18 \cdot 26}{45 \cdot 39 \cdot 36}$;

i) $\frac{8 \cdot 9 \cdot 10}{30 \cdot 18 \cdot 4}$; k) $\frac{189 \cdot 34 \cdot 28 \cdot 19}{450 \cdot 14 \cdot 38 \cdot 17}$.

Kapitel 3

Brüche auf dem Zahlenstrahl

1. Anordnung auf dem Zahlenstrahl

3 Tafeln Schokolade sollen gleichmäßig unter 4 Personen aufgeteilt werden. Mathematisch können wir dieses Problem nicht bewältigen. Es führt auf die Divisionsaufgabe

$$3 : 4$$

und für diese kennen wir bisher noch keine Lösung.

Praktisch lässt sich das Problem jedoch ohne Schwierigkeiten so lösen: Teile jede der 3 Tafeln in 4 gleiche Teile.

Gib jeder der 4 Personen von jeder Tafel einen Teil.

Jede Person erhält also $3 \cdot \frac{1}{4} = \frac{3}{4}$ Tafeln.

Diese praktische Überlegung legt es nahe, der Divisionsaufgabe 3 : 4 als Lösung den Bruch $\frac{3}{4}$ zuzuordnen:

$$3:4 = \frac{3}{4}.$$

Wir nehmen den Bruch $\frac{3}{4}$ also in die Gemeinschaft der Zahlen auf und weisen ihm, wie sich das für eine ordentliche Zahl gehört, auch einen Platz auf dem Zahlenstrahl zu:

Nun lässt sich auch die Probe zur Divisionsaufgabe $3:4 = \frac{3}{4}$ durchführen:

$$\frac{3}{4} \quad + \frac{3}{4} \quad + \frac{3}{4} \quad + \frac{3}{4} = 4 \cdot \frac{3}{4} = 3$$

Und so verfahren wir von jetzt an mit allen Divisionsaufgaben dieser Art, wie zum Beispiel:

$$6:7=\frac{6}{7}; \quad 5:10=\frac{5}{10}=\frac{1}{2}; \quad 4:16=\frac{4}{16}=\frac{2}{8}=\frac{1}{4};$$

$$2:5=\frac{2}{5}; \quad 5:8=\frac{5}{8}; \quad 18:24=\frac{18}{24}=\frac{9}{12}=\frac{6}{8}=\frac{3}{4}.$$

Damit geht es nun aber etwas eng zu auf dem Zahlenstrahl, wenn auch nicht jeder Bruch einen eigenen Platz beanspruchen kann. Alle Brüche nämlich, die durch Kürzen oder Erweitern auseinander hervorgehen (und das sind jeweils unendlich viele!) müssen sich mit demselben Platz begnügen.
Und trotzdem drängen sich immer noch unendlich viele verschiedene Brüche auf der ehemals völlig leeren Strecke zwischen 0 und 1.

1 Gib das Ergebnis der folgenden Divisionsaufgaben in vollständig gekürzter Form an:

$$24:60=\frac{24}{60}=\frac{2}{5}.$$

a) 18 : 45;	**b)** 12 : 15;	**c)** 14 : 24;	**d)** 15 : 40;
e) 50 : 75;	**f)** 33 : 132;	**g)** 28 : 63;	**h)** 65 : 182;
i) 26 : 65;	**k)** 48 : 60;	**l)** 64 : 136;	**m)** 32 : 56;
n) 78 : 143;	**o)** 75 : 225;	**p)** 108 : 198;	**q)** 56 : 126.

2. Unechte Brüche, gemischte und ganze Zahlen

Nicht nur zwischen 0 und 1, sondern überall auf dem Zahlenstrahl beginnt nun das Gedränge.
Das Ergebnis der folgenden Aufgabe zeigt es:

5 Tafeln Schokolade sollen gleichmäßig an 3 Personen verteilt werden.

Überlege

so oder so

Jede Tafel wird in 3 gleiche Teile zerlegt; jede Person bekommt von **jeder** Tafel je einen dieser Teile:

Jede Person bekommt zunächst eine ganze Tafel; jede der übrigen beiden Tafeln wird in 3 gleiche Teile zerlegt; jede Person bekommt von jeder Tafel noch je einen dieser Teile:

Jede Person bekommt $5 \cdot \frac{1}{3} = \frac{5}{3}$ Tafeln.

Jede Person bekommt $1 + \frac{2}{3}$ Tafeln.
Für $1 + \frac{2}{3}$ schreiben wir kürzer $1\frac{2}{3}$.

$$5 : 3 = \frac{5}{3} \qquad\qquad 5 : 3 = 1\frac{2}{3}$$

$$\frac{5}{3} = 1\frac{2}{3}$$

$\frac{5}{3}$ und $1\frac{2}{3}$ bezeichnen also dieselbe Zahl.

Auch diese Zahl erhält nun einen Platz auf dem Zahlenstrahl.

Mit $\frac{5}{3}$ taucht zum ersten Mal ein Bruch auf, bei dem der Zähler größer ist als der Nenner. Solche Brüche bezeichnet man häufig als **unechte Brüche.**
Im Gegensatz dazu nennt man Brüche, bei denen der Zähler kleiner ist als der Nenner, **echte Brüche.**

2 Welche der folgenden Brüche sind echte Brüche, welche sind unechte Brüche?

a) $\frac{13}{12}$; **b)** $\frac{7}{8}$; **c)** $\frac{25}{16}$; **d)** $\frac{13}{10}$; **e)** $\frac{7}{5}$;
f) $\frac{12}{18}$; **g)** $\frac{25}{21}$; **h)** $\frac{17}{28}$; **i)** $\frac{213}{179}$; **k)** $\frac{105}{150}$.

Unechte Brüche bezeichnen Bruchteile, die größer sind als 1 Ganzes:

$\frac{5}{3}$ von 12 DM = (12 DM : 3) · 5 = 4 DM · 5 = 20 DM;

$\frac{9}{4}$ von 240 m = (240 m : 4) · 9 = 60 m · 9 = 540 m;

$\frac{18}{5}$ von 35 kg = (35 kg : 5) · 18 = 7 kg · 18 = 126 kg.

3 Berechne:

a) $\frac{7}{3}$ von 15 DM; **b)** $\frac{5}{4}$ von 36 kg; **c)** $\frac{15}{8}$ von 96 m;
d) $\frac{23}{16}$ von 128 Std.; **e)** $\frac{36}{25}$ von 1100 m; **f)** $\frac{48}{13}$ von 169 kg;

g) $\frac{12}{5}$ von 155 m; **h)** $\frac{17}{10}$ von 1200 DM; **i)** $\frac{18}{7}$ von 112 km.

Mit der Bezeichnung $1\frac{2}{3}$ taucht zum ersten Mal eine Verbindung aus einer ganzen Zahl und einem Bruch auf. Solche Verbindungen bezeichnet man häufig als **gemischte Zahlen.**

Jede gemischte Zahl lässt sich in einen unechten Bruch verwandeln.

Überlege so:

$$1\frac{2}{3} = \frac{3}{3} + \frac{2}{3} = \frac{5}{3}$$

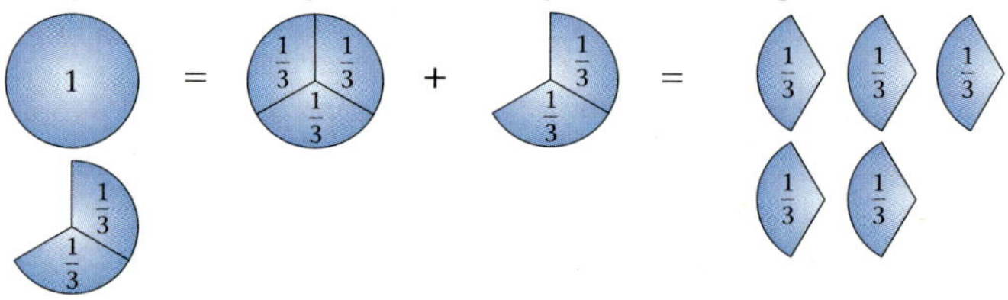

Rechne so:

$$1\frac{2}{3} = \frac{3 \cdot 1 + 2}{3} = \frac{3+2}{3} = \frac{5}{3}.$$

Überlege so:

$$2\frac{3}{4} = \frac{8}{4} + \frac{3}{4} = \frac{11}{4}$$

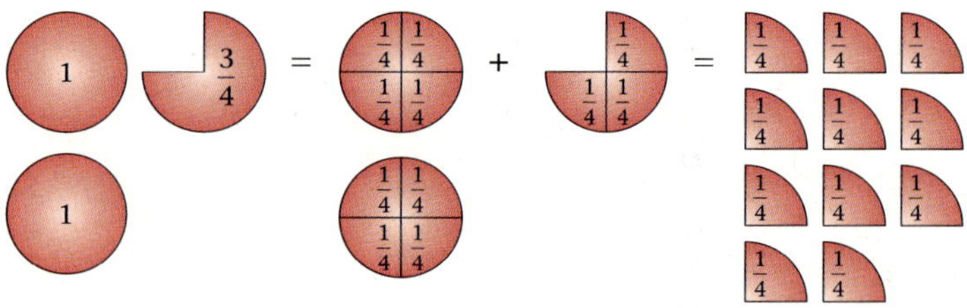

Rechne so:

$$2\frac{3}{4} = \frac{4 \cdot 2 + 3}{4} = \frac{8+3}{4} = \frac{11}{4}.$$

Überlege so:

$$3\frac{1}{2} \quad = \quad \frac{6}{2} \quad + \quad \frac{1}{2} \quad = \quad \frac{7}{2}$$

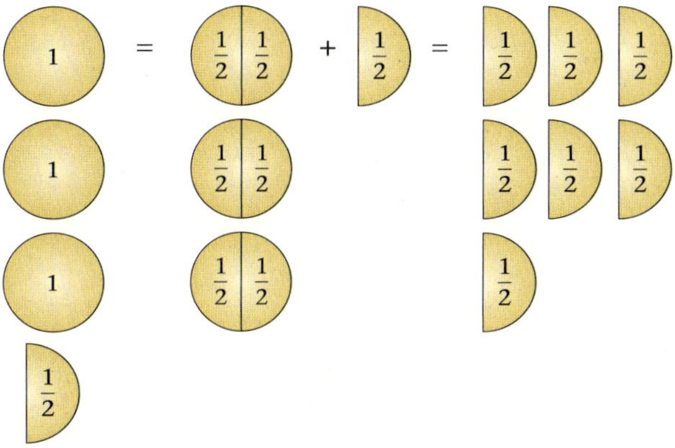

Rechne so:

$$3\frac{1}{2} \quad = \quad \frac{2 \cdot 3 + 1}{2} = \frac{6+1}{2} \quad = \quad \frac{7}{2}.$$

4 Verwandle die folgenden gemischten Zahlen in unechte Brüche:

a) $3\frac{1}{3}$; **b)** $4\frac{2}{3}$; **c)** $5\frac{3}{4}$; **d)** $7\frac{4}{5}$; **e)** $15\frac{1}{2}$;

f) $3\frac{7}{8}$; **g)** $4\frac{4}{5}$; **h)** $9\frac{3}{16}$; **i)** $12\frac{2}{5}$; **k)** $14\frac{3}{5}$;

l) $15\frac{4}{15}$; **m)** $28\frac{5}{8}$; **n)** $10\frac{11}{12}$; **o)** $21\frac{3}{7}$; **p)** $25\frac{5}{8}$;

q) $5\frac{5}{19}$; **r)** $54\frac{11}{12}$.

Ebenso, wie sich jede gemischte Zahl in einen unechten Bruch verwandeln lässt, kann man umgekehrt jeden unechten Bruch in eine gemischte Zahl verwandeln.

Überlege so:

$$\frac{7}{4} = \frac{4}{4} + \frac{3}{4} = 1\frac{3}{4}$$

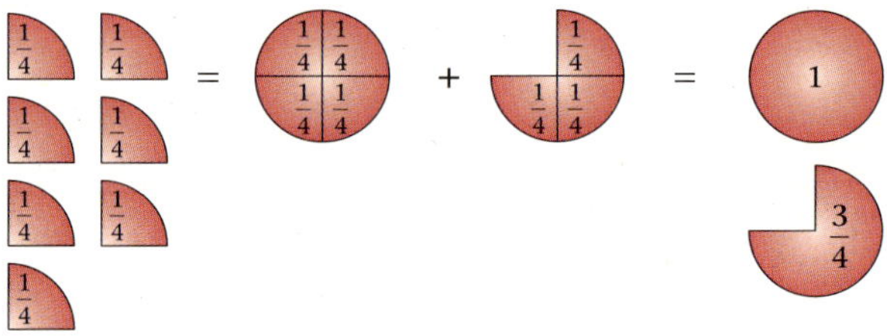

Rechne so:

$$\frac{7}{4} = 7:4 = 1 \text{ Rest } 3 = 1\frac{3}{4}$$

Überlege so:

$$\frac{5}{2} = \frac{4}{2} + \frac{1}{2} = 2\frac{1}{2}$$

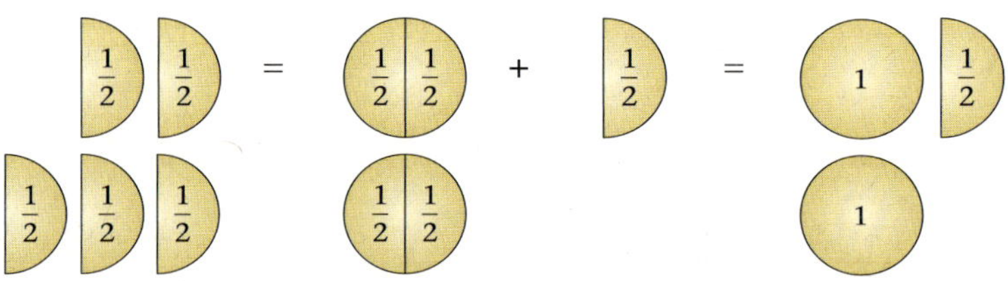

Rechne so:

$$\frac{5}{2} = 5:2 = 2 \text{ Rest } 1 = 2\frac{1}{2}$$

Und zum Schluss noch ein Beispiel mit Nebenrechnung:

$$\frac{128}{5} = 128 : 5 = 25\frac{3}{5}$$

$$\begin{array}{r} 128 : 5 \\ -10 \\ 28 \\ -25 \\ 3 \end{array}$$

5 Verwandle die folgenden unechten Brüche in gemischte Zahlen:

a) $\frac{7}{5}$; **b)** $\frac{13}{9}$; **c)** $\frac{15}{4}$; **d)** $\frac{17}{3}$; **e)** $\frac{28}{9}$;
f) $\frac{23}{5}$; **g)** $\frac{77}{8}$; **h)** $\frac{83}{2}$; **i)** $\frac{97}{4}$; **k)** $\frac{117}{12}$;
l) $\frac{777}{11}$; **m)** $\frac{246}{17}$; **n)** $\frac{731}{16}$; **o)** $\frac{369}{4}$; **p)** $\frac{1093}{23}$.

6 Gib die Ergebnisse der folgenden Divisionsaufgaben als gemischte Zahlen an:

$$35:12 = \frac{35}{12} = 2\frac{11}{12}.$$

a) 273 : 2; **b)** 43 : 5; **c)** 72 : 7; **d)** 85 : 13;
e) 17 : 3; **f)** 242 : 9; **g)** 127 : 4; **h)** 73 : 16;
i) 144 : 11; **k)** 345 : 11; **l)** 117 : 25; **m)** 373 : 10;
n) 679 : 9; **o)** 332 : 15; **p)** 888 : 55; **q)** 8932 : 45.

7 Kürze die nachstehenden unechten Brüche zunächst vollständig und verwandle sie danach in gemischte Zahlen:

$$\frac{385}{25} = \frac{385:5}{25:5} = \frac{77}{5} = 15\frac{2}{5}.$$

a) $\frac{12}{8}$; **b)** $\frac{22}{6}$; **c)** $\frac{44}{12}$; **d)** $\frac{48}{9}$; **e)** $\frac{16}{10}$;

f) $\frac{35}{20}$; g) $\frac{27}{21}$; h) $\frac{64}{48}$; i) $\frac{55}{15}$; k) $\frac{144}{32}$;

l) $\frac{1000}{375}$; m) $\frac{126}{56}$; n) $\frac{198}{108}$; o) $\frac{136}{64}$; p) $\frac{3125}{750}$.

Und so sieht nun mittlerweile unser Zahlenstrahl aus:

Zwischen 0 und 1 drängen sich die echten Brüche, also die Brüche, bei denen der Zähler kleiner ist als der Nenner. Rechts von der 1 haben sich die unechten Brüche bzw. die gemischten Zahlen breit gemacht. Auch dort herrscht ein Riesengedränge. Und aus dem ganzen Bruchgewimmel lugt hie und da eine ganze Zahl hervor.

Doch gerade diese ganzen Zahlen erweisen sich als trügerische Gebilde, wie die folgende Überlegung zeigt:

Das Ergebnis der Divisionsaufgabe 12 : 4 lässt sich auf zweierlei Weise darstellen:

$12:4=3$ oder $12:4=\frac{12}{4}$

daraus folgt:

$$3=\frac{12}{4}$$

Ebenso ergibt sich

$$15:5=3 \quad \text{oder} \quad 15:5=\frac{15}{5}$$

$$3=\frac{15}{5}$$

$$3:1=3 \quad \text{oder} \quad 3:1=\frac{3}{1}$$

$$3=\frac{3}{1}$$

Und damit geht nun alles in die Brüche, denn auch die ganzen Zahlen sind nichts anderes als gut getarnte Brüche! Wir brauchen deshalb nicht mehr zwischen ganzen Zahlen und Brüchen zu unterscheiden. Ganze Zahlen sind Brüche, die in ihrer Grundform den Nenner 1 haben:

$$3=\frac{24}{8}=\frac{15}{5}=\frac{12}{4}=\frac{3}{1}.$$

8 Schreibe jeweils die in der 1. Spalte angegebene Zahl als Bruch mit dem in der 2. Spalte angegebenen Nenner.

	Zahl	Nenner	
	5	7	Ergebnis: $5=\frac{5\cdot 7}{7}=\frac{35}{7}$
a)	3	5	
b)	2	8	
c)	4	4	
d)	7	12	
e)	9	5	
f)	12	3	
g)	8	11	

3. Zusammenfassung

Das hast du im 3. Kapitel gelernt:

1. Die Divisionsaufgabe a : b (b ≠ 0) hat als Lösung den Bruch $\frac{a}{b}$.
Das heißt:
Anstelle des Quotienten a : b kann man den Bruch $\frac{a}{b}$ schreiben;
anstelle des Bruches $\frac{a}{b}$ kann man den Quotienten a : b schreiben.

$$a : b = \frac{a}{b} \quad b \neq 0$$

$$\frac{a}{b} = a : b$$

2. Bei einem echten Bruch ist der Zähler kleiner als der Nenner.
Bei einem unechten Bruch ist der Zähler größer als der Nenner.
Eine gemischte Zahl ist eine Summe aus einer ganzen Zahl und einem echten Bruch.

$\frac{a}{b}$: $a < b$ echter Bruch; $a > b$ unechter Bruch

$$4\frac{3}{8} = 4 + \frac{3}{8}$$

3. Jeder unechte Bruch lässt sich in eine gemischte Zahl verwandeln.

$$\frac{23}{4} = 23 : 4 = 5\frac{3}{4}$$

4. Jede gemischte Zahl lässt sich in einen unechten Bruch verwandeln.

$$3\frac{4}{5} = \frac{5 \cdot 3 + 4}{5} = \frac{15 + 4}{5} = \frac{19}{5}$$

5. Ganze Zahlen sind Brüche, die in ihrer Grundform den Nenner 1 haben.

$$3 = \frac{3}{1} = \frac{6}{2} = \frac{9}{3} = \frac{123}{41} = \ldots$$

4. Test zum 3. Kapitel

Überprüfe mit den folgenden Aufgaben, ob du den Stoff des 3. Kapitels beherrschst. Wenn du mehr als 2 Fehler pro Aufgabenblock machst, dann solltest du dieses Kapitel noch einmal gründlich durcharbeiten.

1 Verwandle die nachstehenden gemischten Zahlen in unechte Brüche:

a) $3\frac{2}{7}$; **b)** $4\frac{3}{4}$; **c)** $9\frac{5}{12}$; **d)** $12\frac{5}{9}$; **e)** $15\frac{11}{25}$;
f) $18\frac{31}{35}$; **g)** $22\frac{17}{19}$; **h)** $38\frac{12}{125}$; **i)** $123\frac{7}{12}$; **k)** $250\frac{13}{17}$.

2 Verwandle die folgenden unechten Brüche in gemischte Zahlen. Das Ergebnis soll stets vollständig gekürzt sein.

a) $\frac{13}{5}$; **b)** $\frac{27}{4}$; **c)** $\frac{35}{14}$; **d)** $\frac{21}{6}$; **e)** $\frac{44}{16}$;
f) $\frac{75}{45}$; **g)** $\frac{144}{14}$; **h)** $\frac{125}{15}$; **i)** $\frac{364}{56}$; **k)** $\frac{500}{175}$.

3 Gib das Ergebnis der folgenden Divisionsaufgaben in vollständig gekürzter Form, wenn möglich auch als gemischte Zahl an:

a) 30 : 45; **b)** 135 : 30; **c)** 64 : 12; **d)** 144 : 40;
e) 225 : 125; **f)** 96 : 18; **g)** 148 : 24; **h)** 256 : 36;
i) 338 : 52; **k)** 720 : 75.

Kapitel 4

Die vier Grundrechenarten mit Brüchen

Jedes Kind weiß: „Mit Zahlen kann man rechnen!"
Wenn also die Brüche Zahlen sind, wie wir das im vorhergehenden Kapitel aus gutem Grund behauptet haben, dann muss man mit ihnen auch rechnen können.
Was aber kommt heraus, wenn man zwei Brüche addiert:

$$\frac{3}{4}+\frac{5}{6}=??$$

oder subtrahiert:

$$\frac{17}{8}-\frac{4}{5}=??$$

oder multipliziert:

$$\frac{3}{8}\cdot\frac{12}{5}=??$$

oder dividiert:

$$\frac{9}{7}:\frac{3}{35}=??$$

Am einfachsten lässt sich diese Frage für die Addition von zwei nennergleichen Brüchen beantworten.

1. Addition nennergleicher Brüche

Gesucht ist das Ergebnis der Additionsaufgabe

$$\frac{2}{9}+\frac{5}{9}.$$

Weil $\frac{2}{9}$ von 36 DM = 8 DM

und $\frac{5}{9}$ von 36 DM = 20 DM,

muss gelten $\left(\frac{2}{9}+\frac{5}{9}\right)$ von 36 DM = 8 DM + 20 DM = 28 DM.

Nun gilt aber auch: $\frac{7}{9}$ von 36 DM = 28 DM.

Daher ist es sinnvoll zu schreiben:

$$\frac{2}{9}+\frac{5}{9}=\frac{7}{9}.$$

Wenn wir als das Ganze anstelle der 36 DM einen Kreis wählen, dann wird die Sache noch anschaulicher:

$$\frac{2}{9} + \frac{5}{9} = \frac{7}{9}$$

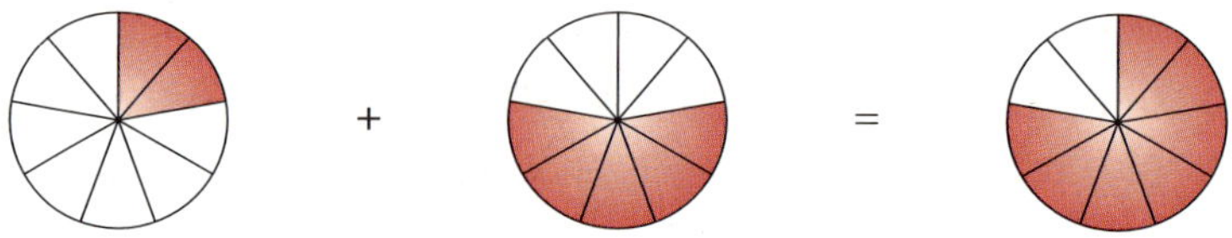

Wir legen also fest:

Nennergleiche Brüche werden addiert, indem man ihre Zähler addiert und den gemeinsamen Nenner beibehält.

In Formelschreibweise sieht diese Festlegung so aus:

$$\frac{a}{c} + \frac{b}{c} = \frac{a+b}{c}; \quad c \neq 0.$$

Das Ergebnis sollte stets in vollständig gekürzter Form angegeben werden:

$$\frac{1}{8} + \frac{3}{8} = \frac{4}{8} = \frac{1}{2}$$

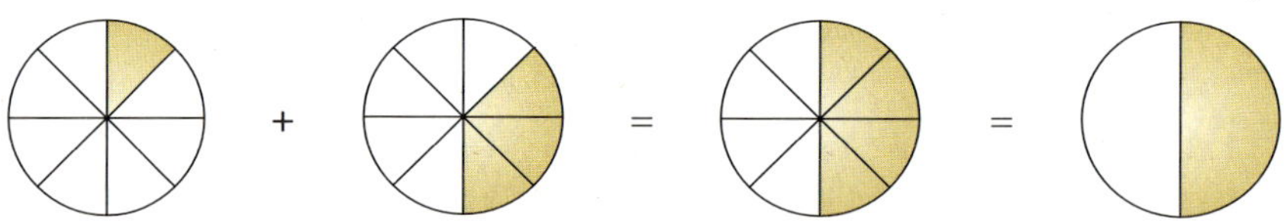

Weitere Beispiele:

- $\frac{4}{13} + \frac{11}{13} = \frac{4+11}{13} = \frac{15}{13} = 1\frac{2}{13}.$

- $\frac{7}{15}+\frac{14}{15}=\frac{21}{15}=\frac{7}{5}=1\frac{2}{5}.$

- $\frac{3}{11}+\frac{5}{11}+\frac{14}{11}=\frac{22}{11}=2.$

1 Berechne. Gib das Ergebnis stets in vollständig gekürzter Form und, wenn möglich, auch als gemischte Zahl an.

a) $\frac{2}{8}+\frac{5}{8}$; **b)** $\frac{4}{9}+\frac{2}{9}$; **c)** $\frac{5}{12}+\frac{11}{12}$; **d)** $\frac{3}{8}+\frac{7}{8}$;

e) $\frac{3}{16}+\frac{7}{16}$; **f)** $\frac{5}{21}+\frac{19}{21}$; **g)** $\frac{11}{12}+\frac{17}{12}$; **h)** $\frac{4}{7}+\frac{8}{7}$;

i) $\frac{5}{24}+\frac{17}{24}+\frac{1}{24}$; **k)** $\frac{17}{25}+\frac{13}{25}+\frac{21}{25}$; **l)** $\frac{4}{5}+\frac{7}{5}+\frac{3}{5}+\frac{1}{5}$;

m) $\frac{17}{50}+\frac{29}{50}+\frac{3}{50}+\frac{11}{50}$; **n)** $\frac{5}{16}+\frac{13}{16}+\frac{15}{16}+\frac{7}{16}$; **o)** $\frac{4}{39}+\frac{17}{39}+\frac{37}{39}+\frac{19}{39}$.

Du sollst die beiden gemischten Zahlen $2\frac{3}{5}$ und $3\frac{4}{5}$ addieren.

Rechne so:

$$2\frac{3}{5}+3\frac{4}{5}=\left(2+\frac{3}{5}\right)+\left(3+\frac{4}{5}\right)=(2+3)+\left(\frac{3}{5}+\frac{4}{5}\right)$$
$$=5+\frac{7}{5}=5+1+\frac{2}{5}=6+\frac{2}{5}=6\frac{2}{5}.$$

Weitere Beispiele:

$$\frac{3}{8}+\frac{1}{8}=\frac{4}{8}$$

- $8\frac{3}{8}+7\frac{1}{8}=15\frac{4}{8}=15\frac{1}{2}$

$$8+7=15$$

$$\frac{4}{8}=\frac{4:4}{8:4}=\frac{1}{2}$$

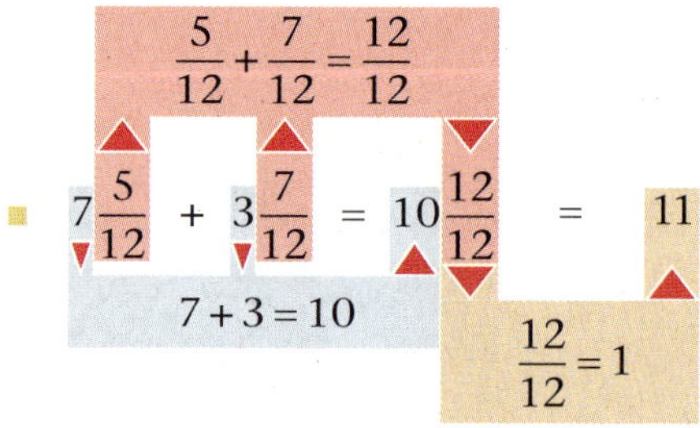

2 Berechne ebenso. Gib das Ergebnis stets in vollständig gekürzter Form an.

a) $2\frac{1}{5}+3\frac{3}{5}$; **b)** $7\frac{3}{8}+1\frac{1}{8}$; **c)** $4\frac{2}{7}+12\frac{3}{7}$; **d)** $15\frac{3}{11}+23\frac{7}{11}$;

e) $24\frac{5}{8}+17\frac{7}{8}$; **f)** $13\frac{11}{12}+\frac{7}{12}$; **g)** $8\frac{11}{24}+9\frac{17}{24}$; **h)** $17\frac{29}{36}+11\frac{35}{36}$;

i) $8\frac{24}{25}+33\frac{21}{25}$; **k)** $5\frac{21}{41}+3\frac{17}{41}+\frac{3}{41}$;

l) $4\frac{17}{25}+3\frac{11}{25}+7\frac{8}{25}+\frac{21}{25}$; **m)** $3\frac{5}{16}+7\frac{7}{16}+11\frac{15}{16}+\frac{13}{16}$.

2. Addition nicht nennergleicher Brüche

Der Versuch, $\frac{1}{4}$ und $\frac{2}{3}$ zu addieren, gelingt zunächst nicht, da diese beiden Brüche nicht nennergleich sind.

Bisher können wir nur nennergleiche Brüche addieren.
Und dabei wird es auch in Zukunft bleiben:
Nur nennergleiche Brüche lassen sich addieren.

Wenn also die beiden Brüche $\frac{1}{4}$ und $\frac{2}{3}$ nicht nennergleich **sind,**
dann müssen wir sie eben vor dem Addieren nennergleich **machen.**
Das gelingt, wenn wir sie geeignet erweitern.

Wir wissen:

- Brüche werden erweitert, indem man Zähler **und** Nenner mit derselben Zahl multipliziert.
- Brüche, die durch Erweitern auseinander hervorgehen, sind gleich.

Also gilt:

$$\frac{1}{4}=\frac{1\cdot 3}{4\cdot 3}=\frac{3}{12} \text{ und } \frac{2}{3}=\frac{2\cdot 4}{3\cdot 4}=\frac{8}{12}$$

Wenn aber $\frac{1}{4}=\frac{3}{12}$

und $\frac{2}{3}=\frac{8}{12}$,

dann gilt auch

$$\frac{1}{4}+\frac{2}{3}=\frac{3}{12}+\frac{8}{12}.$$

Die beiden Brüche $\frac{3}{12}$ und $\frac{8}{12}$ sind nennergleich.

Wir können sie addieren, indem wir ihre Zähler addieren:

$$\frac{3}{12}+\frac{8}{12}=\frac{3+8}{12}=\frac{11}{12}.$$

Also ergibt sich:

$$\frac{1}{4}+\frac{2}{3}=\frac{11}{12}.$$

Und so haben wir gerechnet:

$$\frac{1}{4} + \frac{2}{3} = \frac{3}{12} + \frac{8}{12} = \frac{11}{12}$$

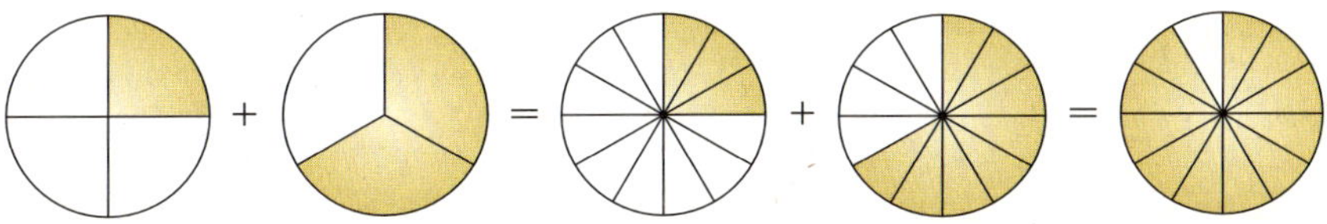

Wir haben also die beiden Brüche durch Erweitern auf den gemeinsamen Nenner 12 gebracht und dann addiert. Den gemeinsamen Nenner bezeichnet man häufig auch als **Hauptnenner.**

12 ist die kleinste Zahl, die sowohl durch 3 als auch durch 4 teilbar ist. Man sagt: 12 ist das **kleinste gemeinsame Vielfache** von 3 und 4 und

verwendet für diese Aussage die Kurzschreibweise kgV(3; 4) = 12.
Als gemeinsamen Nenner hätten wir aber auch jede andere Zahl nehmen können, die sowohl durch 3 als auch durch 4 teilbar ist, also auch jedes andere gemeinsame Vielfache von 3 und 4.

Wir hätten also auch so rechnen können:

$$\frac{1}{4}+\frac{2}{3}=\frac{1\cdot 6}{4\cdot 6}+\frac{2\cdot 8}{3\cdot 8}=\frac{6}{24}+\frac{16}{24}=\frac{22}{24}=\frac{22:2}{24:2}=\frac{11}{12}.$$

Oder auch so:

$$\frac{1}{4}+\frac{2}{3}=\frac{1\cdot 15}{4\cdot 15}+\frac{2\cdot 20}{3\cdot 20}=\frac{15}{60}+\frac{40}{60}=\frac{55}{60}=\frac{55:5}{60:5}=\frac{11}{12}.$$

Das Ergebnis ist zwar in jedem Fall dasselbe, die Rechnung aber ist am einfachsten, wenn wir als gemeinsamen Nenner das kleinste gemeinsame Vielfache von 3 und 4 wählen.
Nicht immer ist das kleinste gemeinsame Vielfache zweier Zahlen so leicht zu finden wie das der beiden Zahlen 3 und 4. In schwierigen Fällen ist der Weg über die **Zerlegung in Primfaktoren** zu empfehlen.

Das kleinste gemeinsame Vielfache von 504 und 750 soll bestimmt werden.
Wir gehen davon aus, dass das gesuchte kgV von 504 und 750 alle Primfaktoren enthalten muss, die bei der Primfaktorenzerlegung von 504 und 750 auftreten. Die Lösung des Problems erfolgt dann in 2 Schritten.

1. Schritt:
Wir zerlegen die beiden Zahlen in Primfaktoren:

$$504 = 2\cdot 252$$
$$252 = 2\cdot 126$$
$$126 = 2\cdot 63$$
$$63 = 3\cdot 21$$
$$21 = 3\cdot 7$$

$$504 = 2\cdot 2\cdot 2\cdot 3\cdot 3\cdot 7 = 2^3\cdot 3^2\cdot 7$$

$$750 = 2 \cdot 375$$
$$375 = 3 \cdot 125$$
$$125 = 5 \cdot 25$$
$$25 = 5 \cdot 5$$
$$750 = 2 \cdot 3 \cdot 5 \cdot 5 \cdot 5 = 2 \cdot 3 \cdot 5^3$$

2. Schritt:

Wir bestimmen die kleinste Zahl, deren Primfaktorenzerlegung alle Primfaktoren sowohl von 504 als auch von 750 enthält. Es ist dies die Zahl

$$2^3 \cdot 3^2 \cdot 5^3 \cdot 7 = 63\,000.$$

Ergebnis:

$$\text{kgV}(504;\ 750) = 63\,000.$$

In Kurzform sieht unser Verfahren so aus:

$$\begin{array}{rll} 504 = & 2 \cdot 2 \cdot 2 \cdot 3 \cdot 3 \cdot 7 & = \mathbf{2^3} \cdot \mathbf{3^2} \cdot \mathbf{7^1} \\ 750 = & 2 \cdot 3 \cdot 5 \cdot 5 \cdot 5 & = 2^1 \cdot 3^1 \cdot \mathbf{5^3} \\ \hline \text{kgV}(504; 750) = & \mathbf{2^3} \cdot \mathbf{3^2} \cdot \mathbf{5^3} \cdot \mathbf{7^1} & = 63\,000 \end{array}$$

Und so lautet unser Rezept:

1. Zerlege die Zahlen in Primfaktoren.
2. Suche von jedem der auftretenden Primfaktoren die höchste vorkommende Potenz.
3. Multipliziere diese Potenzen miteinander.

Dieses Rezept lässt sich auch bei der Bestimmung des kleinsten gemeinsamen Vielfachen von mehr als 2 Zahlen anwenden.

kgV(18; 24; 45) = ?

$$\begin{aligned} 18 &= 2\cdot 3\cdot 3 &&= 2\cdot \mathbf{3^2}\\ 24 &= 2\cdot 2\cdot 2\cdot 3 &&= \mathbf{2^3}\cdot 3\\ 45 &= 3\cdot 3\cdot 5 &&= 3^2\cdot \mathbf{5}\\ \hline \text{kgV}(18; 24; 45) &= \mathbf{2^3\cdot 3^2\cdot 5} &&= 360 \end{aligned}$$

kgV(24; 30; 32; 36; 40) = ?

$$\begin{aligned} 24 &= 2\cdot 2\cdot 2\cdot 3 &&= 2^3\cdot 3\\ 30 &= 2\cdot 3\cdot 5 &&= 2\cdot 3\cdot \mathbf{5}\\ 32 &= 2\cdot 2\cdot 2\cdot 2\cdot 2 &&= \mathbf{2^5}\\ 36 &= 2\cdot 2\cdot 3\cdot 3 &&= 2^2\cdot \mathbf{3^2}\\ 40 &= 2\cdot 2\cdot 2\cdot 5 &&= 2^3\cdot 5\\ \hline \text{kgV}(24; 30; 32; 36; 40) &= \mathbf{2^5\cdot 3^2\cdot 5} &&= 1440 \end{aligned}$$

Und nun verwenden wir dieses Rezept bei der Addition nicht nennergleicher Brüche.

$$\frac{5}{24}+\frac{7}{44}=?$$

1. Schritt:
Bestimmung des Hauptnenners (= kgV(24; 44)).

$$\begin{aligned} 24 &= 2\cdot 2\cdot 2\cdot 3 = \mathbf{2^3\cdot 3}\\ 44 &= 2\cdot 2\cdot 11 \quad = 2^2\cdot \mathbf{11}\\ \hline \text{HN} &= \mathbf{2^3\cdot 3\cdot 11} = 264. \end{aligned}$$

2. Schritt:
Erweitern der Brüche auf den Hauptnenner.

$$\frac{5}{24}=\frac{5\cdot 11}{24\cdot 11}=\frac{55}{264},\qquad \frac{7}{44}=\frac{7\cdot 6}{44\cdot 6}=\frac{42}{264}.$$

3. Schritt:
Addition der so erhaltenen nennergleichen Brüche.

$$\frac{55}{264}+\frac{42}{264}=\frac{55+42}{264}=\frac{97}{264}.$$

Weitere Beispiele in Kurzform:

- $$\frac{17}{45}+\frac{20}{21}=\frac{17\cdot 7}{315}+\frac{20\cdot 15}{315}$$
$$=\frac{119}{315}+\frac{300}{315}$$
$$=\frac{419}{315}=1\frac{104}{315}$$

Nebenrechnung zur Bestimmung des Hauptnenners:

$$45=3\cdot 3\cdot 5\ =\mathbf{3^2\cdot 5}$$
$$21=3\cdot \mathbf{7}$$
$$\text{HN}=\mathbf{3^2\cdot 5\cdot 7}=315$$

- $$\frac{15}{32}+\frac{25}{48}+\frac{11}{36}=$$
$$\frac{15\cdot 9}{288}+\frac{25\cdot 6}{288}+\frac{11\cdot 8}{288}=$$
$$\frac{135}{288}+\frac{150}{288}+\frac{88}{288}=$$
$$\frac{373}{288}=1\frac{85}{288}$$

Nebenrechnung zur Bestimmung des Hauptnenners:

$$32=2\cdot 2\cdot 2\cdot 2\cdot 2=\mathbf{2^5}$$
$$48=2\cdot 2\cdot 2\cdot 2\cdot 3=2^4\cdot 3$$
$$36=2\cdot 2\cdot 3\cdot 3\ =2^2\cdot \mathbf{3^2}$$
$$\text{HN}=\mathbf{2^5\cdot 3^2}\ =288$$

- $$5\frac{11}{15}+7\frac{16}{21}=$$
$$\left(5+\frac{11}{15}\right)+\left(7+\frac{16}{21}\right)=$$
$$(5+7)+\left(\frac{11}{15}+\frac{16}{21}\right)=$$
$$12+\frac{77+80}{105}=$$
$$12+\frac{157}{105}=$$
$$12+1\frac{52}{105}=$$
$$13\frac{52}{105}$$

Nebenrechnung zur Bestimmung des Hauptnenners:

$$15=\mathbf{3\cdot 5}$$
$$21=3\cdot \mathbf{7}$$
$$\text{HN}=\mathbf{3\cdot 5\cdot 7}=105$$

$$7\frac{5}{8}+3\frac{5}{72}+12\frac{5}{124}=$$
$$(7+3+12)+\left(\frac{5}{8}+\frac{5}{72}+\frac{5}{124}\right)=$$
$$22+\frac{1395+155+90}{2232}=$$
$$22+\frac{1640}{2232}=$$
$$22+\frac{205}{279}=22\frac{205}{279}$$

Nebenrechnung zur Bestimmung des Hauptnenners:
Weil 72 Vielfaches von 8 ist, kann die 8 bei der Bestimmung des Hauptnenners weggelassen werden.

$$72=2\cdot2\cdot2\cdot3\cdot3=\mathbf{2^3\cdot3^2}$$
$$124=2\cdot2\cdot31\quad=2^2\cdot\mathbf{31}$$
$$\text{HN}=\mathbf{2^3\cdot3^2\cdot31}\quad=2232$$

Oft kann man die Nebenrechnung weglassen, weil sich der Hauptnenner leicht im Kopf berechnen lässt:

$$\frac{5}{6}+\frac{4}{15}+\frac{1}{2}=\frac{25+8+15}{30}=\frac{48}{30}=\frac{8}{5}=1\frac{3}{5}.$$

3 Berechne den Summenwert. Gib das Endergebnis stets in vollständig gekürzter Form und, wenn möglich, als gemischte Zahl an.

a) $\frac{1}{2}+\frac{1}{4}$; **b)** $\frac{3}{4}+\frac{2}{3}$; **c)** $\frac{5}{6}+\frac{3}{4}$; **d)** $\frac{11}{15}+\frac{5}{21}$;

e) $\frac{5}{8}+\frac{1}{4}$; **f)** $\frac{5}{9}+\frac{6}{7}$; **g)** $\frac{11}{12}+\frac{3}{5}$; **h)** $\frac{7}{8}+\frac{3}{10}$;

i) $\frac{5}{12}+\frac{3}{4}$; **k)** $\frac{11}{12}+\frac{4}{15}$; **l)** $\frac{7}{8}+\frac{8}{9}$; **m)** $\frac{9}{14}+\frac{5}{28}$;

n) $\frac{7}{8}+\frac{19}{20}$; **o)** $\frac{13}{18}+\frac{2}{21}$; **p)** $\frac{4}{9}+\frac{5}{12}$; **q)** $\frac{13}{27}+\frac{11}{18}$.

4 Berechne ebenso:

a) $\frac{3}{4}+\frac{5}{6}+\frac{7}{10}$; **b)** $\frac{7}{8}+\frac{5}{12}+\frac{5}{6}$; **c)** $\frac{4}{5}+\frac{5}{8}+\frac{9}{16}$; **d)** $\frac{7}{9}+\frac{11}{15}+\frac{3}{4}$;

e) $\frac{3}{10}+\frac{14}{15}+\frac{17}{25}$; **f)** $\frac{7}{12}+\frac{11}{18}+\frac{17}{30}$; **g)** $\frac{4}{7}+\frac{13}{21}+\frac{14}{15}+\frac{19}{28}$;

h) $\frac{5}{6}+\frac{4}{15}+\frac{3}{4}+\frac{17}{20}$; i) $\frac{25}{28}+\frac{17}{35}+\frac{11}{15}+\frac{7}{10}$; k) $\frac{7}{8}+\frac{25}{124}+\frac{5}{72}+\frac{13}{15}$;

l) $\frac{4}{5}+\frac{7}{9}+\frac{21}{25}+\frac{14}{15}+\frac{13}{75}+\frac{13}{45}$; m) $\frac{19}{35}+\frac{1}{2}+\frac{26}{55}+\frac{9}{11}+\frac{53}{70}+\frac{5}{7}$.

5 Berechne ebenso:

a) $7\frac{3}{4}+5\frac{2}{3}$; b) $4\frac{11}{12}+7\frac{5}{8}$; c) $3\frac{5}{9}+4\frac{5}{12}$;

d) $6\frac{4}{15}+9\frac{5}{6}$; e) $11\frac{11}{14}+3\frac{13}{21}$; f) $17\frac{12}{25}+18\frac{9}{10}$;

g) $3\frac{7}{12}+4\frac{11}{15}+7\frac{3}{5}$; h) $5\frac{11}{12}+13\frac{41}{50}+7\frac{11}{72}$; i) $23\frac{7}{12}+4\frac{14}{15}+17\frac{3}{4}$;

k) $28\frac{5}{18}+43\frac{17}{25}+47\frac{13}{15}$; l) $7\frac{3}{4}+14\frac{4}{5}+68\frac{5}{6}+73\frac{7}{8}$;

m) $29\frac{6}{7}+25\frac{5}{12}+79\frac{17}{21}+46\frac{41}{42}+55\frac{11}{14}$;

n) $85\frac{11}{12}+17\frac{2}{3}+76\frac{17}{18}+4\frac{1}{2}+\frac{8}{45}+\frac{7}{8}+\frac{5}{9}$;

o) $8\frac{11}{36}+12\frac{23}{30}+14\frac{27}{40}+23\frac{8}{15}+71\frac{3}{50}+5\frac{19}{45}$.

3. Subtraktion

Bei der Subtraktion von Brüchen verfährt man nach dem gleichen Rezept wie bei der Addition:

1. Nennergleiche Brüche werden subtrahiert, indem man ihre Zähler subtrahiert und den gemeinsamen Nenner beibehält.

- $\frac{7}{9}-\frac{2}{9}=\frac{7-2}{9}=\frac{5}{9}$.
- $\frac{14}{15}-\frac{8}{15}=\frac{6}{15}=\frac{2}{5}$.
- $\frac{13}{24}-\frac{7}{24}=\frac{13-7}{24}=\frac{6}{24}=\frac{1}{4}$.

Allgemein:

$$\frac{a}{c} - \frac{b}{c} = \frac{a-b}{c} \qquad c \neq 0;\ a \geqq b$$

2. Nicht nennergleiche Brüche werden vor dem Subtrahieren durch geeignetes Erweitern nennergleich gemacht.

- $\frac{5}{8} - \frac{7}{12} = \frac{15}{24} - \frac{14}{24} = \frac{15-14}{24} = \frac{1}{24}.$
- $\frac{3}{7} - \frac{2}{21} = \frac{9}{21} - \frac{2}{21} = \frac{9-2}{21} = \frac{7}{21} = \frac{1}{3}.$
- $\frac{16}{35} - \frac{4}{21} = \frac{48}{105} - \frac{20}{105} = \frac{48-20}{105} = \frac{28}{105} = \frac{4}{15}.$

6 Berechne. Gib das Endergebnis stets in vollständig gekürzter Form an.

a) $\frac{15}{16} - \frac{7}{16}$; **b)** $\frac{19}{24} - \frac{13}{24}$; **c)** $\frac{17}{25} - \frac{12}{25}$; **d)** $\frac{3}{4} - \frac{2}{3}$;

e) $\frac{11}{12} - \frac{3}{8}$; **f)** $\frac{14}{15} - \frac{5}{6}$; **g)** $\frac{17}{18} - \frac{2}{27}$; **h)** $\frac{7}{12} - \frac{3}{14}$;

i) $\frac{7}{12} - \frac{2}{9}$; **k)** $\frac{28}{33} - \frac{1}{6}$; **l)** $\frac{28}{33} - \frac{5}{22}$; **m)** $\frac{29}{30} - \frac{29}{42}$;

n) $\frac{53}{56} - \frac{31}{42}$; **o)** $\frac{13}{72} - \frac{11}{81}$; **p)** $\frac{15}{22} - \frac{5}{33}$.

Bei der Subtraktion gemischter Zahlen kannst du die Ganzen für sich und die Brüche für sich subtrahieren.

- $12\frac{5}{8} - 5\frac{3}{8} = (12-5) + \left(\frac{5}{8} - \frac{3}{8}\right) = 7 + \frac{2}{8} = 7\frac{1}{4}.$
- $15\frac{3}{4} - 8\frac{2}{3} = 15\frac{9}{12} - 8\frac{8}{12} = (15-8) + \left(\frac{9}{12} - \frac{8}{12}\right) = 7\frac{1}{12}.$
- $22\frac{7}{12} - 22\frac{5}{18} = 22\frac{21}{36} - 22\frac{10}{36} = (22-22) + \left(\frac{21}{36} - \frac{10}{36}\right) = \frac{11}{36}.$

Gelegentlich ist es erforderlich, beim Minuenden, also bei der Zahl vor dem Minuszeichen, eines der vorhandenen Ganzen in einen Bruch umzuwandeln und dem dort schon stehenden Bruch zuzuschlagen.

- $13\frac{3}{10} - 5\frac{7}{10} = 12\frac{13}{10} - 5\frac{7}{10}$
  $= (12-5) + \left(\frac{13}{10} - \frac{7}{10}\right) = 7 + \frac{6}{10} = 7\frac{3}{5}.$
- $6\frac{1}{3} - 5\frac{3}{4} = 6\frac{4}{12} - 5\frac{9}{12} = 5\frac{16}{12} - 5\frac{9}{12}$
  $= (5-5) + \left(\frac{16}{12} - \frac{9}{12}\right) = \frac{7}{12}.$

7 Berechne ebenso. Gib das Ergebnis stets in vollständig gekürzter Form an.

a) $2\frac{2}{3} - 1\frac{1}{4}$; **b)** $12\frac{7}{8} - 3\frac{1}{3}$; **c)** $5\frac{4}{5} - 2\frac{4}{15}$;

d) $12\frac{8}{15} - 3\frac{2}{3}$; **e)** $15\frac{23}{50} - 13\frac{8}{15}$; **f)** $8\frac{11}{12} - 3\frac{2}{3}$;

g) $11\frac{15}{16} - 8\frac{5}{12}$; **h)** $37\frac{7}{24} - 21\frac{11}{36}$; **i)** $19\frac{5}{6} - 5\frac{10}{33}$.

Bei der folgenden Aufgabe 8 sollen Leerstellen ausgefüllt werden. Gehe dabei so vor wie in den Beispielen.

$\square + \frac{5}{8} = \frac{11}{12}.$

Überlege so: Die Zahl im Kästchen muss um $\frac{5}{8}$ kleiner sein als $\frac{11}{12}$.

Rechne so: $\frac{11}{12} - \frac{5}{8} = \frac{22-15}{24} = \frac{7}{24}.$

Schreibe das Ergebnis so: $\boxed{\frac{7}{24}} + \frac{5}{8} = \frac{11}{12}.$

Mache die Probe so: $\frac{7}{24} + \frac{5}{8} = \frac{7+15}{24} = \frac{22}{24} = \frac{11}{12}.$

$\square - 2\frac{3}{4} = 4\frac{1}{2}.$

Überlege so: Die Zahl im Kästchen muss um $2\frac{3}{4}$ größer sein als $4\frac{1}{2}$.

Rechne so: $4\frac{1}{2} + 2\frac{3}{4} = 4\frac{2}{4} + 2\frac{3}{4} = 6\frac{5}{4} = 7\frac{1}{4}.$

Schreibe das Ergebnis so: $\boxed{7\frac{1}{4}} - 2\frac{3}{4} = 4\frac{1}{2}.$

Mache die Probe so: $7\frac{1}{4} - 2\frac{3}{4} = 6\frac{5}{4} - 2\frac{3}{4} = 4\frac{2}{4} = 4\frac{1}{2}.$

$\frac{8}{9} - \square = \frac{4}{15}.$

Überlege so: Die Zahl im Kästchen muss um $\frac{4}{15}$ kleiner sein als $\frac{8}{9}$.

Rechne so: $\frac{8}{9} - \frac{4}{15} = \frac{40-12}{45} = \frac{28}{45}.$

Schreibe das Ergebnis so: $\frac{8}{9} - \boxed{\frac{28}{45}} = \frac{4}{15}.$

Mache die Probe so: $\frac{8}{9} - \frac{28}{45} = \frac{40-28}{45} = \frac{12}{45} = \frac{4}{15}.$

8 Fülle ebenso die Leerstelle aus und mache die Probe.

a) $\square + \frac{3}{8} = \frac{5}{12};$ **b)** $\square - \frac{15}{14} = \frac{7}{8};$ **c)** $\frac{4}{9} - \square = \frac{4}{15};$

d) $\frac{12}{25} + \square = 4\frac{3}{10};$ **e)** $4\frac{1}{2} - \square = 3\frac{3}{4};$ **f)** $\frac{7}{22} + \square = \frac{16}{33};$

g) $1\frac{4}{25} - \square = \frac{14}{15};$ **h)** $\square + \frac{11}{16} = \frac{25}{24};$ **i)** $\frac{5}{18} + \square = \frac{11}{12};$

k) $4\frac{3}{16} - \square = 2\frac{5}{12};$ **l)** $\square - 2\frac{2}{3} = 4\frac{1}{2};$ **m)** $\square + \frac{18}{25} = \frac{14}{15};$

n) $\frac{8}{15} + \square = \frac{5}{6}$; **o)** $\frac{8}{15} - \square = \frac{3}{24}$; **p)** $\square + 5\frac{8}{21} = 8\frac{13}{14}$.

Als Zeichen für eine Leerstelle verwendet man in der Mathematik häufig den Buchstaben „x“.

Statt $\square + \frac{5}{6} = 1\frac{3}{4}$ schreibt man $x + \frac{5}{6} = 1\frac{3}{4}$,

statt $\frac{11}{18} - \square = \frac{5}{12}$ schreibt man $\frac{11}{18} - x = \frac{5}{12}$

und statt $\square - 3\frac{7}{8} = 4\frac{5}{6}$ schreibt man $x - 3\frac{7}{8} = 4\frac{5}{6}$.

Derartige Ausdrücke bezeichnet man als Bestimmungsgleichungen. In der folgenden Aufgabe sollst du die Zahl bestimmen, die an die Stelle von x gehört.
Gehe dabei so vor wie in den folgenden Beispielen.

$$x + \frac{5}{6} = 1\frac{3}{4}$$
$$x = 1\frac{3}{4} - \frac{5}{6}$$
$$x = \frac{7}{4} - \frac{5}{6}$$
$$x = \frac{21 - 10}{12}$$
$$x = \frac{11}{12}.$$

Überlege:

x muss um $\frac{5}{6}$ **kleiner** sein als $1\frac{3}{4}$.

$$\frac{11}{18} - x = \frac{5}{12}$$
$$x = \frac{11}{18} - \frac{5}{12}$$
$$x = \frac{22 - 15}{36}$$
$$x = \frac{7}{36}.$$

Überlege:

x muss um $\frac{5}{12}$ **kleiner** sein als $\frac{11}{18}$.

$$x - 3\frac{7}{8} = 4\frac{5}{6}$$
$$x = 4\frac{5}{6} + 3\frac{7}{8}$$
$$x = 4\frac{20}{24} + 3\frac{21}{24}$$
$$x = 7\frac{41}{24}$$
$$x = 8\frac{17}{24}.$$

Überlege:

x muss um $3\frac{7}{8}$ **größer** sein als $4\frac{5}{6}$.

Achtung! Die Mathematiker, also auch dein Mathematiklehrer, legen Wert darauf, dass in jeder Zeile des Lösungsweges **nur ein Gleichheitszeichen** steht!

9 Bestimme x:

a) $x + \frac{3}{4} = \frac{5}{6}$; **b)** $\frac{17}{18} + x = 2\frac{5}{12}$; **c)** $x - \frac{25}{32} = \frac{11}{24}$; **d)** $\frac{20}{21} - x = \frac{8}{35}$;

e) $x + \frac{7}{8} = 2\frac{3}{20}$; **f)** $\frac{3}{4} - x = \frac{7}{18}$; **g)** $x - \frac{13}{27} = \frac{5}{18}$; **h)** $3\frac{5}{12} - x = 2\frac{3}{4}$;

i) $x + 2\frac{7}{9} = 5\frac{5}{12}$; **k)** $\frac{14}{15} - x = \frac{5}{6}$; **l)** $x - \frac{19}{56} = \frac{31}{42}$; **m)** $\frac{28}{33} - x = \frac{9}{22}$;

n) $x - 2\frac{4}{9} = 3\frac{5}{21}$.

4. Multiplikation

Für den Flächeninhalt A eines Rechtecks mit den Seitenlängen a und b gilt:

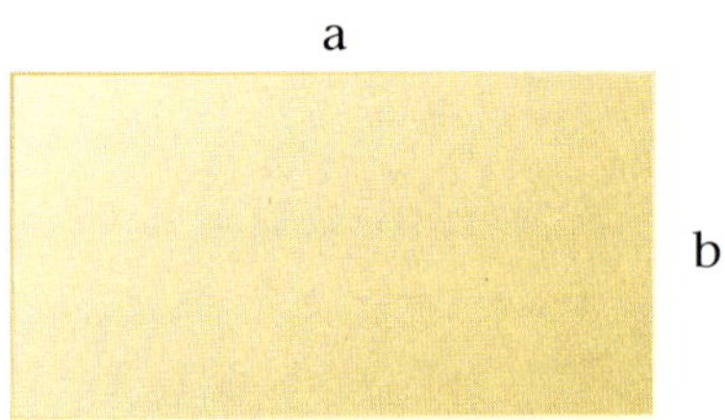

$$A = a \cdot b.$$

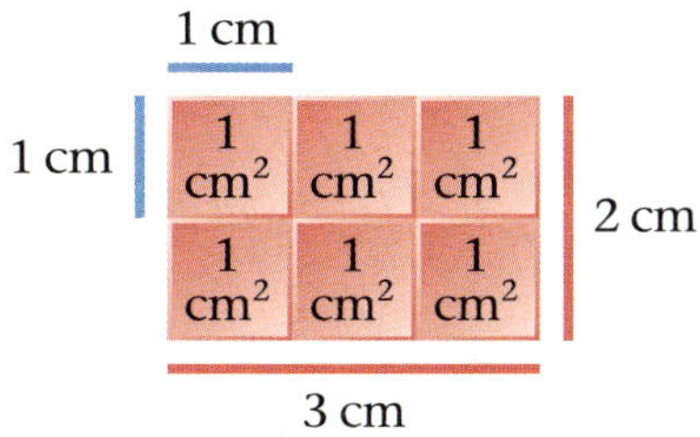

$$A = 3\ \text{cm} \cdot 2\ \text{cm} = (3 \cdot 2)\ \text{cm}^2 = 6\ \text{cm}^2.$$

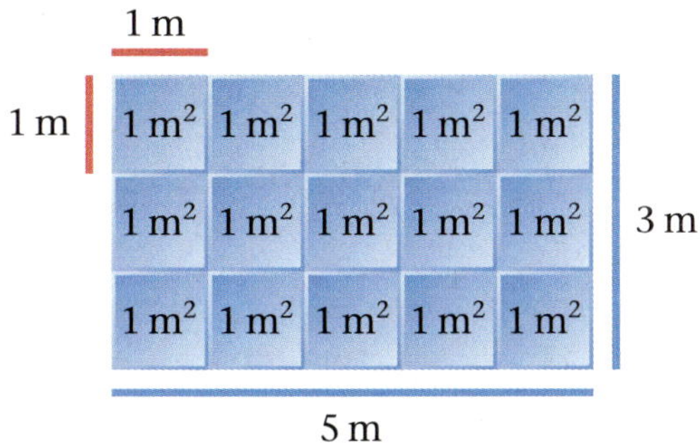

$$A = 5\ \text{m} \cdot 3\ \text{m} = (5 \cdot 3)\ \text{m}^2 = 15\ \text{m}^2.$$

Aber wie groß ist diese Fläche?

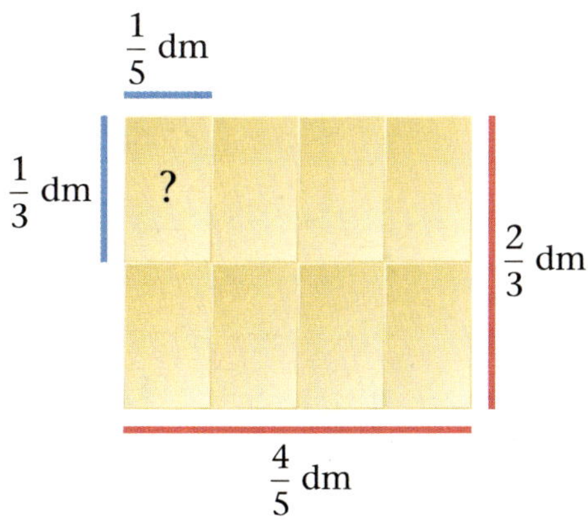

$$A = \frac{4}{5}\text{dm} \cdot \frac{2}{3}\text{dm} = \left(\frac{4}{5} \cdot \frac{2}{3}\right)\text{dm}^2 = ???\,\text{dm}^2.$$

Überlege so:
Das Quadrat von 1 dm Länge und 1 dm Breite hat einen Flächeninhalt von $A = 1\,dm \cdot 1\,dm = 1\,dm^2$.

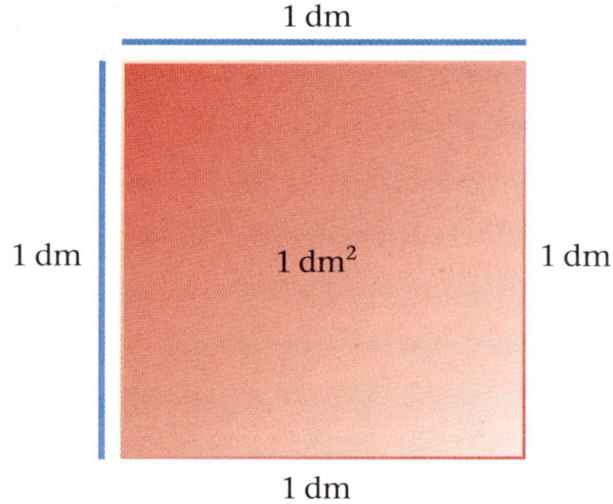

Seine Länge wird in 5 gleiche Teile zerlegt, seine Breite wird in 3 gleiche Teile zerlegt. Der Flächeninhalt des Quadrates wird dadurch in 15 gleiche Teile zerlegt. Jeder dieser Teile hat einen Flächeninhalt von $\frac{1}{15}\,dm^2$.

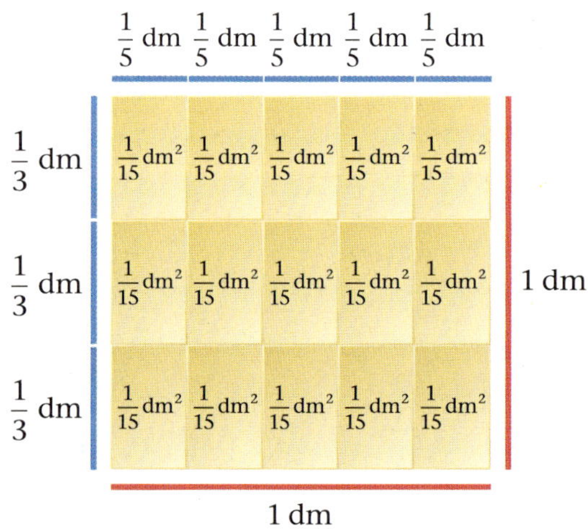

Die Fläche des Rechtecks mit den Seitenlängen $\frac{4}{5}$ dm und $\frac{2}{3}$ dm besteht aus 8 dieser gleich großen Teilflächen. Der Flächeninhalt des Rechtecks beträgt also $\frac{8}{15}$ dm², und deshalb muss gelten:

$$\frac{4}{5}\text{dm} \cdot \frac{2}{3}\text{dm} = \left(\frac{4}{5} \cdot \frac{2}{3}\right)\text{dm}^2 = \frac{8}{15}\text{dm}^2.$$

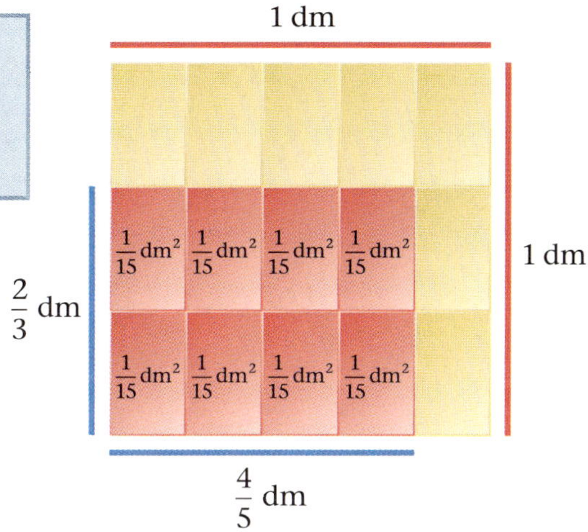

Es erweist sich also als sinnvoll, dem Produkt aus den beiden Brüchen $\frac{4}{5}$ und $\frac{2}{3}$ den Wert $\frac{8}{15}$ zuzuordnen:

$$\frac{4}{5} \cdot \frac{2}{3} = \frac{8}{15}.$$

Diesen Produktwert erhält man, wenn man sowohl die Zähler als auch die Nenner der beiden Brüche miteinander multipliziert:

$$\frac{4}{5} \cdot \frac{2}{3} = \frac{4 \cdot 2}{5 \cdot 3} = \frac{8}{15}.$$

Ähnliche Überlegungen kann man mit jedem beliebigen Paar von Brüchen anstellen.
Deshalb gilt allgemein:

Zwei Brüche werden multipliziert, indem man Zähler mit Zähler und Nenner mit Nenner multipliziert.

$$\frac{a}{b} \cdot \frac{c}{d} = \frac{a \cdot c}{b \cdot d}; \quad b \neq 0,\ d \neq 0.$$

- $\frac{3}{4} \cdot \frac{5}{8} = \frac{3 \cdot 5}{4 \cdot 8} = \frac{15}{32}$.
- $\frac{7}{12} \cdot \frac{11}{15} = \frac{7 \cdot 11}{12 \cdot 15} = \frac{77}{180}$.
- $\frac{5}{6} \cdot \frac{23}{24} = \frac{5 \cdot 23}{6 \cdot 24} = \frac{115}{144}$.
- $5 \cdot \frac{7}{8} = \frac{5}{1} \cdot \frac{7}{8} = \frac{5 \cdot 7}{1 \cdot 8} = \frac{35}{8} = 4\frac{3}{8}$.
- $\frac{9}{11} \cdot 6 = \frac{9}{11} \cdot \frac{6}{1} = \frac{9 \cdot 6}{11 \cdot 1} = \frac{54}{11} = 4\frac{10}{11}$.

In vielen Fällen ist es möglich, vor dem Multiplizieren zu kürzen (siehe auch S. 38/39).

- $\frac{24}{35} \cdot \frac{49}{72} = \frac{\overset{1}{\cancel{24}} \cdot \overset{7}{\cancel{49}}}{\underset{5}{\cancel{35}} \cdot \underset{3}{\cancel{72}}} = \frac{1 \cdot 7}{5 \cdot 3} = \frac{7}{15}$.
- $\frac{15}{32} \cdot \frac{32}{45} = \frac{\overset{1}{\cancel{15}} \cdot \overset{1}{\cancel{32}}}{\underset{1}{\cancel{32}} \cdot \underset{3}{\cancel{45}}} = \frac{1 \cdot 1}{1 \cdot 3} = \frac{1}{3}$.
- $\frac{25}{52} \cdot \frac{39}{60} = \frac{\overset{5}{\cancel{25}} \cdot \overset{\overset{1}{\cancel{3}}}{\cancel{39}}}{\underset{4}{\cancel{52}} \cdot \underset{\underset{4}{\cancel{12}}}{\cancel{60}}} = \frac{5 \cdot 1}{4 \cdot 4} = \frac{5}{16}$.
- $\frac{5}{8} \cdot 12 = \frac{5}{8} \cdot \frac{12}{1} = \frac{5 \cdot \overset{3}{\cancel{12}}}{\underset{2}{\cancel{8}} \cdot 1} = \frac{5 \cdot 3}{2 \cdot 1} = \frac{15}{2} = 7\frac{1}{2}$.

10 Berechne ebenso. Kürze stets vor dem Multiplizieren. Schreibe das Ergebnis, wenn möglich, auch als gemischte Zahl.

a) $\frac{4}{5} \cdot \frac{15}{16}$; **b)** $\frac{9}{11} \cdot \frac{33}{45}$; **c)** $\frac{3}{4} \cdot \frac{8}{9}$; **d)** $\frac{7}{22} \cdot \frac{11}{28}$; **e)** $\frac{6}{13} \cdot \frac{26}{33}$;

f) $\frac{7}{8} \cdot \frac{4}{5}$; **g)** $\frac{11}{14} \cdot \frac{21}{44}$; **h)** $\frac{16}{25} \cdot \frac{15}{28}$; **i)** $\frac{11}{12} \cdot 18$; **k)** $15 \cdot \frac{23}{25}$;

l) $\frac{18}{55} \cdot \frac{5}{24}$.

Gemischte Zahlen müssen vor der Multiplikation in unechte Brüche umgewandelt werden.

- $7\frac{1}{2}\cdot 3\frac{3}{5}=\frac{\overset{3}{\cancel{15}}}{\underset{1}{\cancel{2}}}\cdot\frac{\overset{9}{\cancel{18}}}{\underset{1}{\cancel{5}}}=\frac{15\cdot 18}{2\cdot 5}=\frac{3\cdot 9}{1\cdot 1}=\frac{27}{1}=27.$

- $5\frac{3}{4}\cdot 2\frac{2}{5}=\frac{23}{4}\cdot\frac{12}{5}=\frac{23\cdot\overset{3}{\cancel{12}}}{\underset{1}{\cancel{4}}\cdot 5}=\frac{23\cdot 3}{1\cdot 5}=\frac{69}{5}=13\frac{4}{5}.$

- $12\frac{5}{6}\cdot 15\frac{6}{11}=\frac{77}{6}\cdot\frac{171}{11}=\frac{\overset{7}{\cancel{77}}\cdot\overset{57}{\cancel{171}}}{\underset{2}{\cancel{6}}\cdot\underset{1}{\cancel{11}}}=\frac{7\cdot 57}{2\cdot 1}=\frac{399}{2}=199\frac{1}{2}.$

- $4\frac{5}{12}\cdot 9=\frac{53}{12}\cdot\frac{9}{1}=\frac{53\cdot\overset{3}{\cancel{9}}}{\underset{4}{\cancel{12}}\cdot 1}=\frac{53\cdot 3}{4\cdot 1}=\frac{159}{4}=39\frac{3}{4}.$

- $12\cdot 10\frac{3}{8}=\frac{12}{1}\cdot\frac{83}{8}=\frac{\overset{3}{\cancel{12}}\cdot 83}{1\cdot\underset{2}{\cancel{8}}}=\frac{3\cdot 83}{1\cdot 2}=\frac{249}{2}=124\frac{1}{2}.$

11 Berechne ebenso. Gib das Ergebnis stets in vollständig gekürzter Form und, wenn möglich, als gemischte Zahl an.

a) $2\frac{1}{2}\cdot 3\frac{1}{3}$; **b)** $5\frac{3}{5}\cdot 3\frac{3}{4}$; **c)** $4\frac{2}{5}\cdot 1\frac{1}{4}$; **d)** $15\frac{3}{8}\cdot 16\frac{2}{3}$;

e) $5\frac{1}{3}\cdot 3\frac{3}{8}$; **f)** $8\frac{4}{7}\cdot 7\frac{7}{8}$; **g)** $11\frac{1}{3}\cdot 4\frac{5}{6}$; **h)** $3\frac{3}{4}\cdot 8\frac{2}{5}$;

i) $4\cdot 2\frac{5}{16}$; **k)** $25\cdot 3\frac{8}{15}$; **l)** $72\frac{1}{4}\cdot 44\frac{3}{5}$; **m)** $41\frac{3}{35}\cdot 21$;

n) $13\frac{3}{4}\cdot 9\frac{3}{5}$; **o)** $23\frac{5}{6}\cdot 12\frac{3}{8}$; **p)** $85\cdot 17\frac{3}{34}$.

Natürlich lassen sich auf diese Weise auch mehr als zwei Brüche miteinander multiplizieren.

- $$\frac{4}{5}\cdot\frac{3}{8}\cdot\frac{20}{21}=\frac{\overset{1}{\cancel{4}}\cdot\overset{1}{\cancel{3}}\cdot\overset{\overset{2}{\cancel{4}}}{\cancel{20}}}{\underset{1}{\cancel{5}}\cdot\underset{\underset{1}{\cancel{2}}}{\cancel{8}}\cdot\underset{7}{\cancel{21}}}=\frac{1\cdot1\cdot2}{1\cdot1\cdot7}=\frac{2}{7}.$$

- $$12\frac{3}{4}\cdot3\frac{1}{3}\cdot\frac{3}{4}=\frac{51\cdot\overset{5}{\cancel{10}}\cdot\overset{1}{\cancel{3}}}{4\cdot\underset{1}{\cancel{3}}\cdot\underset{2}{\cancel{4}}}=\frac{51\cdot5\cdot1}{4\cdot1\cdot2}=\frac{255}{8}=31\frac{7}{8}.$$

- $$3\frac{1}{7}\cdot5\frac{1}{4}\cdot3\frac{5}{8}\cdot7\frac{1}{2}=\frac{\overset{11}{\cancel{22}}\cdot\overset{3}{\cancel{21}}\cdot29\cdot15}{\underset{1}{\cancel{7}}\cdot4\cdot8\cdot\underset{1}{\cancel{2}}}$$
  $$=\frac{11\cdot3\cdot29\cdot15}{1\cdot4\cdot8\cdot1}=\frac{14\,335}{32}=448\frac{19}{32}.$$

- $$2\frac{3}{4}\cdot14\cdot\frac{7}{15}\cdot3\frac{2}{21}=\frac{11\cdot\overset{7}{\cancel{14}}\cdot\overset{1}{\cancel{7}}\cdot\overset{13}{\cancel{65}}}{\underset{2}{\cancel{4}}\cdot1\cdot\underset{3}{\cancel{15}}\cdot\underset{3}{\cancel{21}}}$$
  $$=\frac{11\cdot7\cdot1\cdot13}{2\cdot1\cdot3\cdot3}=\frac{1001}{18}=55\frac{11}{18}.$$

- $$\frac{3}{7}\cdot12\cdot\frac{5}{6}\cdot3\frac{1}{3}\cdot2\frac{4}{5}=\frac{\overset{1}{\cancel{3}}\cdot\overset{2}{\cancel{12}}\cdot\overset{1}{\cancel{5}}\cdot10\cdot\overset{2}{\cancel{14}}}{\underset{1}{\cancel{7}}\cdot1\cdot\underset{1}{\cancel{6}}\cdot\underset{1}{\cancel{3}}\cdot\underset{1}{\cancel{5}}}$$
  $$=\frac{1\cdot2\cdot1\cdot10\cdot2}{1\cdot1\cdot1\cdot1\cdot1}=\frac{40}{1}=40.$$

12 Berechne ebenso. Gib das Ergebnis stets vollständig gekürzt und, wenn möglich, als gemischte Zahl an.

a) $\frac{2}{3}\cdot\frac{1}{4}\cdot\frac{4}{5}$;	**b)** $\frac{11}{12}\cdot\frac{14}{99}\cdot\frac{36}{77}$;	**c)** $\frac{9}{16}\cdot\frac{4}{27}\cdot\frac{3}{8}$;
d) $\frac{7}{8}\cdot\frac{44}{49}\cdot\frac{14}{33}$;	**e)** $\frac{5}{12}\cdot\frac{14}{15}\cdot\frac{5}{7}$;	**f)** $\frac{10}{27}\cdot\frac{15}{16}\cdot\frac{18}{25}$;
g) $\frac{11}{13}\cdot\frac{7}{24}\cdot8\cdot\frac{9}{22}\cdot\frac{1}{33}$;	**h)** $\frac{6}{7}\cdot\frac{3}{4}\cdot\frac{11}{12}\cdot\frac{21}{88}$;	**i)** $\frac{13}{24}\cdot\frac{11}{12}\cdot\frac{3}{4}\cdot\frac{32}{39}\cdot26$;

k) $\frac{16}{21} \cdot \frac{16}{57} \cdot \frac{19}{28} \cdot \frac{45}{64}$; **l)** $2\frac{1}{2} \cdot 3\frac{1}{3} \cdot 1\frac{1}{5}$; **m)** $11\frac{3}{4} \cdot 7\frac{5}{8} \cdot 3\frac{1}{6}$;

n) $\frac{3}{4} \cdot 3\frac{4}{9} \cdot \frac{5}{31} \cdot 6\frac{2}{3}$; **o)** $12\frac{1}{2} \cdot \frac{4}{15} \cdot 7\frac{5}{6} \cdot 18$.

5. Potenzen

Jetzt können wir auch Potenzen von Brüchen berechnen. Eine Potenz besteht aus Basis (Grundzahl) und Exponent (Hochzahl):

Der Exponent gibt an, wievielmal die Basis als Faktor gesetzt werden soll.

- $\left(\frac{3}{4}\right)^2 = \frac{3 \cdot 3}{4 \cdot 4} = \frac{9}{16}$.
- $\left(\frac{3}{8}\right)^3 = \frac{3 \cdot 3 \cdot 3}{8 \cdot 8 \cdot 8} = \frac{27}{512}$.
- $\left(\frac{2}{3}\right)^4 = \frac{2 \cdot 2 \cdot 2 \cdot 2}{3 \cdot 3 \cdot 3 \cdot 3} = \frac{16}{81}$.
- $\left(2\frac{1}{2}\right)^3 = \left(\frac{5}{2}\right)^3 = \frac{5 \cdot 5 \cdot 5}{2 \cdot 2 \cdot 2} = \frac{125}{8} = 15\frac{5}{8}$.
- $\left(1\frac{2}{5}\right)^5 = \left(\frac{7}{5}\right)^5 = \frac{7 \cdot 7 \cdot 7 \cdot 7 \cdot 7}{5 \cdot 5 \cdot 5 \cdot 5 \cdot 5} = \frac{16\,807}{3125} = 5\frac{1182}{3125}$.

Bei der Multiplikation zweier Potenzen oder einer Potenz mit einem Bruch ist es ratsam, die Potenzen zunächst nur als unausgerechnete Produkte aufzuschreiben. Man kann dann möglicherweise erst einmal kürzen, wodurch die endgültige Berechnung oft erheblich vereinfacht wird.

- $\left(\frac{3}{4}\right)^3 \cdot \left(\frac{2}{3}\right)^4 = \frac{3\cdot3\cdot3}{4\cdot4\cdot4} \cdot \frac{2\cdot2\cdot2\cdot2}{3\cdot3\cdot3\cdot3} = \frac{\cancel{3}\cdot\cancel{3}\cdot\cancel{3}\cdot\cancel{2}\cdot\cancel{2}\cdot\cancel{2}\cdot\cancel{2}}{\cancel{4}\cdot\cancel{4}\cdot4\cdot3\cdot\cancel{3}\cdot\cancel{3}\cdot\cancel{3}} = \frac{1}{12}.$
- $\left(\frac{4}{5}\right)^5 \cdot \left(\frac{5}{16}\right)^3 = \frac{\cancel{4}\cdot\cancel{4}\cdot\cancel{4}\cdot\cancel{4}\cdot\cancel{4}\cdot\cancel{5}\cdot\cancel{5}\cdot\cancel{5}}{\cancel{5}\cdot\cancel{5}\cdot\cancel{5}\cdot5\cdot5\cdot\cancel{16}\cdot\cancel{16}\cdot\underset{4}{\cancel{16}}} = \frac{1}{100}.$
- $\frac{8}{15} \cdot \left(\frac{3}{4}\right)^3 = \frac{\cancel{8}\cdot\cancel{3}\cdot3\cdot3}{\underset{5}{\cancel{15}}\cdot4\cdot\underset{2}{\cancel{4}}\cdot\cancel{4}} = \frac{9}{40}.$
- $\left(2\frac{1}{4}\right)^2 \cdot \left(1\frac{7}{9}\right)^3 = \left(\frac{9}{4}\right)^2 \cdot \left(\frac{16}{9}\right)^3 = \frac{\cancel{9}\cdot\cancel{9}\cdot\cancel{16}\cdot16\cdot16}{\cancel{4}\cdot\cancel{4}\cdot\cancel{9}\cdot\cancel{9}\cdot9} = \frac{256}{9} = 28\frac{4}{9}.$

13 Berechne ebenso. Gib das Ergebnis stets in vollständig gekürzter Form und, wenn möglich, als gemischte Zahl an.

a) $\left(\frac{2}{3}\right)^4$; **b)** $\left(\frac{1}{2}\right)^5$; **c)** $\left(3\frac{1}{3}\right)^3$; **d)** $\left(1\frac{1}{2}\right)^4$;

e) $\left(\frac{3}{4}\right)^4 \cdot \left(\frac{2}{3}\right)^5$; **f)** $\left(\frac{2}{5}\right)^5 \cdot \left(\frac{5}{8}\right)^2$; **g)** $\left(\frac{4}{9}\right)^2 \cdot \left(1\frac{1}{2}\right)^4$;

h) $\left(\frac{7}{8}\right)^2 \cdot 1\frac{3}{5}$; **i)** $\left(1\frac{3}{5}\right)^3 \cdot \left(\frac{5}{8}\right)^2$; **k)** $\left(4\frac{1}{5}\right)^2 \cdot \left(2\frac{1}{7}\right)^3 \cdot \left(\frac{2}{3}\right)^5$;

l) $\left(\frac{3}{8}\right)^4 \cdot \left(\frac{8}{9}\right)^2$; **m)** $\left(7\frac{1}{2}\right)^2 \cdot \left(5\frac{1}{3}\right)^3$; **n)** $\left(1\frac{1}{6}\right)^5 \cdot \left(1\frac{1}{7}\right)^3$;

o) $\left(2\frac{1}{2}\right)^3 \cdot \left(1\frac{1}{5}\right)^2$; **p)** $\left(\frac{5}{9}\right)^5 \cdot \left(3\frac{3}{5}\right)^4$; **q)** $\left(\frac{5}{6}\right)^3 \cdot \left(1\frac{1}{5}\right)^4$.

6. Division

Die Division ist die Umkehrung der Multiplikation.

Aus $3 \cdot 5 = 15$ folgt $15 : 5 = 3$

Aus $4 \cdot 7 = 28$ folgt $28 : 7 = 4$

Aus $\frac{3}{4} \cdot \frac{5}{7} = \frac{3 \cdot 5}{4 \cdot 7} = \frac{15}{28}$ folgt $\frac{15}{28} : \frac{5}{7} = \frac{15:5}{28:7} = \frac{3}{4}$

Daraus ergibt sich die folgende Regel:

Brüche werden dividiert, indem man Zähler durch Zähler und Nenner durch Nenner dividiert:

$$\frac{a}{b} : \frac{c}{d} = \frac{a:c}{b:d}; \quad b \neq 0, c \neq 0, d \neq 0.$$

- $\frac{10}{21} : \frac{2}{3} = \frac{10:2}{21:3} = \frac{5}{7}$.
- $\frac{12}{35} : \frac{4}{7} = \frac{12:4}{35:7} = \frac{3}{5}$.
- $\frac{28}{45} : \frac{4}{9} = \frac{28:4}{45:9} = \frac{7}{5} = 1\frac{2}{5}$.

Unser Verfahren zur Division von Brüchen ist zwar recht einfach und einsichtig, es lässt sich aber in dieser einfachen Form nur sehr beschränkt verwenden.
Beispielsweise versagt es bei der Aufgabe $\frac{3}{7} : \frac{4}{5}$. Es versagt, weil 3 kein Vielfaches von 4 und 7 kein Vielfaches von 5 ist, weil also die Divisionen 3 : 4 und 5 : 7 nicht „aufgehen".
Der Versuch, diese Aufgabe zu lösen, führt erst nach Umwegen zum Ziel:

1. Versuch:

$$\frac{3}{7} : \frac{4}{5} = \frac{3:4}{7:5} = \frac{??}{??}$$

Versuch gescheitert, weil weder die beiden Zähler noch die beiden Nenner durcheinander teilbar sind.

2. Versuch:

$$\frac{3}{7}:\frac{4}{5}=\frac{3\cdot 4}{7\cdot 4}:\frac{4}{5}=\frac{(3\cdot 4):4}{(7\cdot 4):5}=\frac{3}{28:5}=\frac{3}{??}$$

Versuch gescheitert, weil jetzt zwar die beiden Zähler durcheinander teilbar sind, nicht aber die beiden Nenner.

3. Versuch:

$$\frac{3}{7}:\frac{4}{5}=\frac{3\cdot 5}{7\cdot 5}:\frac{4}{5}=\frac{(3\cdot 5):4}{(7\cdot 5):5}=\frac{15:4}{7}=\frac{??}{7}$$

Versuch gescheitert, weil jetzt zwar die beiden Nenner, nicht aber die beiden Zähler durcheinander teilbar sind.

4. Versuch:

$$\frac{3}{7}:\frac{4}{5}=\frac{3\cdot4\cdot5}{7\cdot4\cdot5}:\frac{4}{5}=\frac{(3\cdot4\cdot5):4}{(7\cdot4\cdot5):5}=\frac{3\cdot5}{7\cdot4}=\frac{15}{28}.$$

Versuch gelungen, weil jetzt sowohl die beiden Zähler als auch die beiden Nenner durcheinander teilbar sind!

Und was hat uns zum Erfolg geführt?
Wir haben den ersten Bruch sowohl mit dem Zähler als auch mit dem Nenner des zweiten Bruches erweitert.

Um ganz sicher zu gehen, dass das so erhaltene Ergebnis sinnvoll ist, machen wir jetzt noch die Probe!

Wenn

$$\frac{3}{7}:\frac{4}{5}=\frac{15}{28},$$

dann muss das Produkt aus $\frac{15}{28}$ und $\frac{4}{5}$ gleich $\frac{3}{7}$ sein.

Das ist der Fall, denn es gilt:

$$\frac{15}{28}\cdot\frac{4}{5}=\frac{15\cdot4}{28\cdot5}=\frac{3\cdot1}{7\cdot1}=\frac{3}{7}.$$

Dazu noch ein Beispiel:

$$\frac{5}{8}:\frac{2}{3}=\frac{5\cdot2\cdot3}{8\cdot2\cdot3}:\frac{2}{3}=\frac{(5\cdot2\cdot3):2}{(8\cdot2\cdot3):3}=\frac{5\cdot3}{8\cdot2}=\frac{15}{16}=\frac{5}{8}\cdot\frac{3}{2}$$

Betrachten wir nur das Anfangs- und das Endglied dieser Gleichungskette, dann erkennen wir:

$$\frac{5}{8}:\frac{2}{3}=\frac{5}{8}\cdot\frac{3}{2}$$

Die **Division durch $\frac{2}{3}$** ist gleichbedeutend mit der **Multiplikation mit $\frac{3}{2}$**

4 Die vier Grundrechenarten mit Brüchen

Der Bruch $\frac{3}{2}$ geht aus dem Bruch $\frac{2}{3}$ hervor, wenn man Zähler und Nenner miteinander vertauscht.

Man sagt: $\frac{3}{2}$ ist der Kehrbruch (oder Kehrwert) von $\frac{2}{3}$.

Allgemein ergibt sich aus unseren Überlegungen die folgende Regel:

Durch einen Bruch wird dividiert, indem man mit dem Kehrbruch multipliziert.

$$\frac{a}{b}:\frac{c}{d}=\frac{a}{b}\cdot\frac{d}{c};\quad b\neq 0, c\neq 0, d\neq 0.$$

- $\frac{4}{7}:\frac{5}{12}=\frac{4}{7}\cdot\frac{12}{5}=\frac{4\cdot 12}{7\cdot 5}=\frac{48}{35}=1\frac{13}{35}.$

- $\frac{14}{23}:8=\frac{14}{23}\cdot\frac{1}{8}=\frac{\overset{7}{\cancel{14}}\cdot 1}{23\cdot\underset{4}{\cancel{8}}}=\frac{7}{92}.$

- $12:\frac{8}{9}=\frac{12}{1}\cdot\frac{9}{8}=\frac{\overset{3}{\cancel{12}}\cdot 9}{1\cdot\underset{2}{\cancel{8}}}=\frac{27}{2}=13\frac{1}{2}.$

- $\frac{8}{9}:\frac{20}{27}=\frac{8}{9}\cdot\frac{27}{20}=\frac{\overset{2}{\cancel{8}}\cdot\overset{3}{\cancel{27}}}{\underset{1}{\cancel{9}}\cdot\underset{5}{\cancel{20}}}=\frac{6}{5}=1\frac{1}{5}.$

- $8:5=\frac{8}{1}:\frac{5}{1}=\frac{8}{1}\cdot\frac{1}{5}=\frac{8\cdot 1}{1\cdot 5}=\frac{8}{5}=1\frac{3}{5}.$

14 Berechne. Gib das Ergebnis stets in vollständig gekürzter Form an und, wenn möglich, auch als gemischte Zahl.

a) $\frac{1}{3}:\frac{4}{9}$; **b)** $\frac{1}{2}:\frac{2}{3}$; **c)** $\frac{4}{5}:\frac{8}{15}$; **d)** $\frac{2}{3}:\frac{8}{9}$; **e)** $\frac{9}{10}:\frac{6}{25}$;

f) $\frac{4}{9}:\frac{16}{27}$; **g)** $\frac{3}{4}:\frac{2}{5}$; **h)** $7:\frac{2}{5}$; **i)** $\frac{21}{25}:8$; **k)** $\frac{7}{9}:\frac{7}{15}$;

l) $\frac{13}{14}:\frac{6}{7}$; **m)** $\frac{38}{39}:\frac{19}{20}$; **n)** $\frac{3}{10}:\frac{4}{5}$; **o)** $\frac{6}{11}:\frac{18}{55}$; **p)** $\frac{15}{38}:\frac{18}{19}$;

q) $\frac{26}{35}:\frac{39}{77}$; **r)** $\frac{15}{28}:\frac{25}{32}$; **s)** $\frac{27}{56}:\frac{33}{35}$; **t)** $\frac{121}{125}:\frac{66}{75}$; **u)** $35:\frac{25}{29}$.

Gemischte Zahlen müssen vor dem Dividieren in unechte Brüche umgewandelt werden.

- $4\frac{2}{3}:3\frac{1}{2}=\frac{14}{3}:\frac{7}{2}=\frac{14}{3}\cdot\frac{2}{7}=\frac{\overset{2}{\cancel{14}}\cdot 2}{3\cdot\underset{1}{\cancel{7}}}=\frac{4}{3}=1\frac{1}{3}.$

- $7\frac{7}{8}:5\frac{1}{4}=\frac{63}{8}:\frac{21}{4}=\frac{63}{8}\cdot\frac{4}{21}=\frac{\overset{3}{\cancel{63}}\cdot\overset{1}{\cancel{4}}}{\underset{2}{\cancel{8}}\cdot\underset{1}{\cancel{21}}}=\frac{3}{2}=1\frac{1}{2}.$

- $12\frac{4}{5}:3\frac{3}{7}=\frac{64}{5}:\frac{24}{7}=\frac{64}{5}\cdot\frac{7}{24}=\frac{\overset{8}{\cancel{64}}\cdot 7}{5\cdot\underset{3}{\cancel{24}}}=\frac{56}{15}=3\frac{11}{15}.$

15 Berechne. Gib das Ergebnis stets in vollständig gekürzter Form an und, wenn möglich, auch als gemischte Zahl.

a) $7\frac{2}{3}:\frac{5}{6}$; **b)** $\frac{3}{4}:2\frac{1}{2}$; **c)** $9\frac{3}{8}:15$; **d)** $77:3\frac{1}{9}$; **e)** $\frac{30}{49}:4\frac{2}{7}$;

f) $\frac{15}{32}:1\frac{1}{24}$; **g)** $8\frac{2}{21}:21\frac{13}{14}$; **h)** $7\frac{7}{39}:8\frac{4}{13}$; **i)** $5\frac{2}{5}:1\frac{7}{20}$;

k) $2\frac{1}{6}:3\frac{9}{10}$; **l)** $1\frac{17}{25}:3\frac{4}{15}$; **m)** $10\frac{11}{16}:5\frac{13}{24}$; **n)** $2\frac{1}{10}:1\frac{3}{25}$;

o) $5\frac{30}{49}:14\frac{2}{7}$; **p)** $2\frac{17}{30}:7\frac{1}{25}$; **q)** $5\frac{13}{24}:10\frac{11}{16}$; **r)** $142\frac{2}{9}:148\frac{4}{7}$.

In der folgenden Aufgabe handelt es sich darum, Leerstellen auszufüllen. Gehe dabei so vor wie in den Beispielen.
Bei jedem der drei Beispiele sind jeweils zwei Aufgaben der gleichen Art einander gegenübergestellt.

	$\square \cdot 16 = 116.$	$\square \cdot \frac{2}{3} = \frac{7}{9}.$
Überlege so:	Das **16fache** der gesuchten Zahl ist 116. Die Zahl, die in das Kästchen gehört, ist also gleich dem **16. Teil** von 116.	Das $\mathbf{\frac{2}{3}}$**fache** der gesuchten Zahl ist $\frac{7}{9}$. Die Zahl, die in das Kästchen gehört, ist also gleich dem $\mathbf{\frac{2}{3}}$**. Teil** von $\frac{7}{9}$.
Rechne so:	$116:16 = \frac{\cancel{116}^{29}}{\cancel{16}_{4}} = 7\frac{1}{4}.$	$\frac{7}{9}:\frac{2}{3} = \frac{7\cdot\cancel{3}^{1}}{\cancel{9}_{3}\cdot 2} = \frac{7}{6}.$
Schreibe das Ergebnis so:	$\boxed{7\frac{1}{4}} \cdot 16 = 116.$	$\boxed{\frac{7}{6}} \cdot \frac{2}{3} = \frac{7}{9}.$
Mache die Probe so:	$7\frac{1}{4}\cdot 16 = \frac{29\cdot\cancel{16}^{4}}{\cancel{4}_{1}} = 116.$	$\frac{7}{6}\cdot\frac{2}{3} = \frac{7\cdot\cancel{2}^{1}}{\cancel{6}_{3}\cdot 3} = \frac{7}{9}.$

	$\square : 6 = \frac{7}{8}.$	$\square : \frac{3}{4} = \frac{10}{21}.$
Überlege so:	Der **6. Teil** der gesuchten Zahl ist $\frac{7}{8}$. Die Zahl, die in das Kästchen gehört, ist also gleich dem **6fachen** von $\frac{7}{8}$.	Der $\mathbf{\frac{3}{4}}$**. Teil** der gesuchten Zahl ist $\frac{10}{21}$. Die Zahl, die in das Kästchen gehört, ist also gleich dem $\mathbf{\frac{3}{4}}$**fachen** von $\frac{10}{21}$.

Rechne so:

$$\frac{7}{8}\cdot 6=\frac{7\cdot\overset{3}{\cancel{6}}}{\underset{4}{\cancel{8}}}=\frac{21}{4}=5\frac{1}{4}.$$

$$\frac{10}{21}\cdot\frac{3}{4}=\frac{\overset{5}{\cancel{10}}\cdot\overset{1}{\cancel{3}}}{\underset{7}{\cancel{21}}\cdot\underset{2}{\cancel{4}}}=\frac{5}{14}.$$

Schreibe das Ergebnis so:

$$\boxed{5\frac{1}{4}}:6=\frac{7}{8}.$$

$$\boxed{\frac{5}{14}}:\frac{3}{4}=\frac{10}{21}.$$

Mache die Probe so:

$$5\frac{1}{4}:6=\frac{\overset{7}{\cancel{21}}\cdot 1}{4\cdot\underset{2}{\cancel{6}}}=\frac{7}{8}.$$

$$\frac{5}{14}:\frac{3}{4}=\frac{5\cdot\overset{2}{\cancel{4}}}{\underset{7}{\cancel{14}}\cdot 3}=\frac{10}{21}.$$

Vorbemerkung zum dritten Beispiel:
Wenn 15 geteilt durch **3** gleich **5** ist, dann ist auch 15 geteilt durch **5** gleich **3.**

Mit anderen Worten: Aus $15:3=5$ folgt $15:5=3$.

Ebenso gilt: Aus $24:6=4$ folgt $24:4=6$;

aus $40:5=8$ folgt $40:8=5$;

aus $\frac{8}{15}:\frac{4}{9}=\frac{6}{5}$ folgt $\frac{8}{15}:\frac{6}{5}=\frac{4}{9}$.

Allgemein gilt also: Bei einer Divisionsaufgabe kann man die Zahl unmittelbar vor dem Gleichheitszeichen (Divisor) mit der Zahl hinter dem Gleichheitszeichen (Ergebnis) vertauschen.

$$126:\boxed{}=3\frac{3}{5}.$$

$$\frac{24}{25}:\boxed{}=\frac{4}{15}.$$

Überlege so:

Aus $126:\boxed{}=3\frac{3}{5}$ folgt $126:3\frac{3}{5}=\boxed{}$.

Aus $\frac{24}{25}:\boxed{}=\frac{4}{15}$ folgt $\frac{24}{25}:\frac{4}{15}=\boxed{}$.

Rechne so:

$$126:3\frac{3}{5}=\frac{\overset{7}{\cancel{126}}\cdot 5}{\underset{1}{\cancel{18}}}=35.$$

$$\frac{24}{25}:\frac{4}{15}=\frac{\overset{6}{\cancel{24}}\cdot\overset{3}{\cancel{15}}}{\underset{5}{\cancel{25}}\cdot\underset{1}{\cancel{4}}}=\frac{18}{5}.$$

Schreibe das Ergebnis so:

$$126:\boxed{35}=3\frac{3}{5}.\qquad \frac{24}{25}:\boxed{\frac{18}{5}}=\frac{4}{15}.$$

Mache die Probe so:

$$126:35=\frac{\overset{18}{\cancel{126}}\cdot 1}{1\cdot\underset{5}{\cancel{35}}}=\frac{18}{5}=3\frac{3}{5}.\qquad \frac{24}{25}:\frac{18}{5}=\frac{\overset{4}{\cancel{24}}\cdot\overset{1}{\cancel{5}}}{\underset{5}{\cancel{25}}\cdot\underset{3}{\cancel{18}}}=\frac{4}{15}.$$

16 Fülle ebenso die Leerstelle aus und mache jeweils auch die Probe.

a) $\square\cdot\frac{3}{4}=\frac{9}{8}$; **b)** $\frac{5}{12}\cdot\square=\frac{7}{18}$; **c)** $\square:\frac{8}{9}=\frac{9}{8}$;

d) $\frac{24}{25}:\square=\frac{14}{15}$; **e)** $\square:\frac{28}{33}=\frac{22}{21}$; **f)** $\frac{7}{18}:\square=\frac{5}{12}$;

g) $\frac{6}{5}:\square=\frac{8}{9}$; **h)** $\square\cdot 5\frac{1}{4}=7\frac{7}{8}$; **i)** $\square:\frac{5}{12}=\frac{14}{15}$;

k) $\frac{32}{33}\cdot\square=\frac{48}{77}$; **l)** $\square:\frac{39}{77}=\frac{21}{26}$; **m)** $4\frac{1}{8}:\square=4\frac{7}{12}$;

n) $\square\cdot 3\frac{1}{9}=15\frac{3}{4}$; **o)** $\square:3\frac{1}{9}=15\frac{3}{4}$; **p)** $3\frac{1}{9}:\square=15\frac{3}{4}$.

Oft liegen derartige Platzhalteraufgaben in Form von Bestimmungsgleichungen vor, bei denen an der Stelle des Platzhalters der Buchstabe x steht. Solche Bestimmungsgleichungen werden zeilenweise gelöst, und zwar so, wie es die folgenden Beispiele zeigen.
Achte besonders darauf, dass in jeder Zeile des Lösungsweges nur **ein einziges** Gleichheitszeichen steht. Anderenfalls wird dein Mathematiklehrer seinen Rotstift in Aktion setzen.

$$x\cdot\frac{4}{9}=\frac{8}{21}.$$

$$x=\frac{8}{21}:\frac{4}{9}$$

$$x=\frac{\overset{2}{\cancel{8}}\cdot\overset{3}{\cancel{9}}}{\underset{7}{\cancel{21}}\cdot\underset{1}{\cancel{4}}}$$

$$x=\frac{6}{7}.$$

Überlege:
x muss gleich dem $\frac{4}{9}$. Teil von $\frac{8}{21}$ sein.

$$x : \frac{5}{8} = \frac{12}{25}.$$
$$x = \frac{12}{25} \cdot \frac{5}{8}$$
$$x = \frac{\overset{3}{\cancel{12}} \cdot \overset{1}{\cancel{5}}}{\underset{5}{\cancel{25}} \cdot \underset{2}{\cancel{8}}}$$
$$x = \frac{3}{10}.$$

Überlege:
x muss gleich dem $\frac{5}{8}$fachen von $\frac{12}{25}$ sein.

$$\frac{25}{28} : x = \frac{10}{21}.$$
$$x = \frac{25}{28} : \frac{10}{21}$$
$$x = \frac{\overset{5}{\cancel{25}} \cdot \overset{3}{\cancel{21}}}{\underset{4}{\cancel{28}} \cdot \underset{2}{\cancel{10}}}$$
$$x = \frac{15}{8}.$$

Überlege:
Aus $\frac{25}{28} : x = \frac{10}{21}$ folgt $\frac{25}{28} : \frac{10}{21} = x$.

17 Berechne x:

a) $x \cdot \frac{14}{33} = \frac{7}{18}$; **b)** $\frac{24}{35} \cdot x = \frac{15}{28}$; **c)** $x : \frac{34}{35} = \frac{28}{51}$; **d)** $\frac{34}{35} : x = \frac{8}{15}$;

e) $x : \frac{5}{12} = \frac{36}{85}$; **f)** $x \cdot \frac{12}{49} = \frac{16}{77}$; **g)** $3\frac{1}{3} : x = 2\frac{1}{2}$; **h)** $3\frac{1}{3} \cdot x = 2\frac{1}{2}$;

i) $x : 3\frac{3}{8} = 5\frac{1}{3}$; **k)** $x : 3\frac{3}{4} = 8\frac{2}{5}$.

Gelegentlich treten Brüche auf, bei denen Zähler oder Nenner ebenfalls Brüche sind.

$$\frac{\;\frac{2}{3}\;}{\;\frac{4}{5}\;}$$

- $\frac{2}{3}$ ◀ Das ist der Zähler
- ◀ Das ist der Hauptbruchstrich
- $\frac{4}{5}$ ◀ Das ist der Nenner

$$\frac{\;\frac{2}{3}\;}{5}$$

- $\frac{2}{3}$ ◀ Zähler
- ◀ Hauptbruchstrich
- 5 ◀ Nenner

Unser Rezept zur Beseitigung von Doppelbrüchen lautet:

Ein Doppelbruch wird in einen einfachen Bruch verwandelt, indem man seinen Zähler durch seinen Nenner teilt:

$$\frac{\frac{a}{b}}{\frac{c}{d}} = \frac{a}{b} : \frac{c}{d}; \quad b \neq 0;\, c \neq 0;\, d \neq 0.$$

■ $\frac{\frac{2}{3}}{\frac{4}{5}} = \frac{2}{3} : \frac{4}{5} = \frac{5}{6}.$

■ $\frac{\frac{12}{25}}{\frac{8}{15}} = \frac{12}{25} : \frac{8}{15} = \frac{12}{25} \cdot \frac{15}{8} = \frac{\overset{3}{\cancel{12}} \cdot \overset{3}{\cancel{15}}}{\underset{5}{\cancel{25}} \cdot \underset{2}{\cancel{8}}} = \frac{9}{10}.$

18 Verwandle die folgenden Doppelbrüche in einfache Brüche bzw. in gemischte Zahlen.

a) $\frac{\frac{3}{18}}{\frac{14}{54}}$; **b)** $\frac{\frac{3}{4}}{\frac{9}{16}}$; **c)** $\frac{\frac{6}{11}}{\frac{9}{44}}$; **d)** $\frac{\frac{10}{21}}{\frac{15}{28}}$; **e)** $\frac{\frac{21}{22}}{\frac{56}{99}}$.

7. Zusammenfassung

Das hast du im 4. Kapitel gelernt:

1. Nennergleiche Brüche werden addiert (subtrahiert), indem man ihre Zähler addiert (subtrahiert) und den gemeinsamen Nenner beibehält.

$$\frac{a}{c} \pm \frac{b}{c} = \frac{a \pm b}{c}; \quad c \neq 0$$

2. Nicht nennergleiche Brüche müssen vor dem Addieren (Subtrahieren) durch Erweitern auf den Hauptnenner gebracht werden.
Der Hauptnenner ist das kleinste gemeinsame Vielfache der bei den einzelnen Brüchen auftretenden Nenner. Der Hauptnenner kann durch Primfaktorenzerlegung ermittelt werden.

3. Zwei Brüche werden multipliziert, indem man Zähler mit Zähler und Nenner mit Nenner multipliziert. $\frac{a}{b} \cdot \frac{c}{d} = \frac{a \cdot c}{b \cdot d}$; $b \neq 0$, $d \neq 0$

4. Durch einen Bruch wird dividiert, indem man mit dem Kehrbruch multipliziert. $\frac{a}{b} : \frac{c}{d} = \frac{a}{b} \cdot \frac{d}{c}$; $b \neq 0$, $c \neq 0$, $d \neq 0$

5. Doppelbrüche können vereinfacht werden, indem man den Hauptbruchstrich durch das Divisionszeichen ersetzt und die so erhaltene Divisionsaufgabe ausrechnet. $\frac{\frac{a}{b}}{\frac{c}{d}} = \frac{a}{b} : \frac{c}{d}$; $b \neq 0$, $c \neq 0$, $d \neq 0$

8. Test zum 4. Kapitel

Überprüfe mit den nachfolgenden Aufgaben, ob du den Stoff des 4. Kapitels beherrschst und das Gelernte auch anwenden kannst. Mehr als 3 Fehler pro Aufgabenblock sollten dir dabei nicht unterlaufen.

Gib die Ergebnisse stets in vollständig gekürzter Form an, wenn möglich auch als gemischte Zahl.

1 a) $\frac{11}{15}+\frac{7}{15}$; b) $5\frac{3}{7}+8\frac{6}{7}$; c) $\frac{3}{8}+\frac{7}{12}$; d) $\frac{5}{12}+\frac{3}{16}$;
e) $\frac{7}{18}+\frac{5}{24}$; f) $3\frac{5}{9}+2\frac{7}{12}$; g) $\frac{19}{44}+\frac{13}{28}$; h) $15\frac{15}{34}+13\frac{35}{51}$;
i) $\frac{13}{15}+\frac{7}{25}+\frac{5}{18}+\frac{11}{20}+\frac{49}{72}$; k) $5\frac{7}{9}+6\frac{5}{21}+11\frac{15}{49}+25\frac{17}{28}$.

2 a) $\frac{17}{18}-\frac{5}{18}$; b) $7\frac{7}{8}-5\frac{5}{8}$; c) $3\frac{2}{5}-1\frac{4}{5}$; d) $\frac{25}{48}-\frac{15}{32}$;
e) $\frac{20}{21}-\frac{17}{45}$; f) $\frac{17}{30}-\frac{5}{18}$; g) $12\frac{7}{18}-4\frac{3}{4}$; h) $7\frac{16}{21}-5\frac{11}{14}$;
i) $17\frac{3}{4}-5\frac{2}{3}$; k) $4\frac{7}{15}-3\frac{7}{12}$.

4 Die vier Grundrechenarten mit Brüchen

3 a) $\frac{3}{8}\cdot\frac{4}{9}$; b) $\frac{12}{25}\cdot\frac{15}{28}$; c) $\frac{5}{9}\cdot\frac{3}{5}$; d) $\frac{28}{45}\cdot\frac{25}{36}$;

e) $9\frac{3}{8}\cdot\frac{4}{25}$; f) $\frac{25}{126}\cdot 7\frac{19}{50}$; g) $8\frac{7}{15}\cdot 6\frac{3}{10}$; h) $\frac{3}{4}\cdot\frac{5}{6}\cdot\frac{8}{9}$;

i) $4\frac{1}{2}\cdot 5\frac{2}{3}\cdot 6\frac{3}{4}$; k) $\left(\frac{4}{5}\right)^5\cdot\left(\frac{25}{32}\right)^2$.

4 a) $\frac{9}{14}:\frac{6}{35}$; b) $\frac{5}{18}:\frac{25}{54}$; c) $\frac{56}{95}:\frac{21}{38}$; d) $68:\frac{51}{85}$;

e) $\frac{15}{23}:25$; f) $2\frac{2}{9}:4\frac{2}{3}$; g) $7\frac{1}{25}:2\frac{17}{30}$; h) $2\frac{2}{15}:1\frac{1}{35}$;

i) $12\frac{1}{7}:3\frac{5}{21}$; k) $3\frac{5}{21}:12\frac{1}{7}$.

5 Verwandle die Doppelbrüche in vollständig gekürzte einfache Brüche bzw. gemischte Zahlen:

a) $\dfrac{\frac{4}{5}}{\frac{3}{8}}$; b) $\dfrac{\frac{5}{7}}{\frac{20}{21}}$; c) $\dfrac{\frac{16}{27}}{\frac{12}{13}}$; d) $\dfrac{15}{\frac{25}{48}}$; e) $\dfrac{\frac{34}{49}}{51}$.

Kapitel 5

Abschlusstest

Mit dem Abschlusstest kannst du überprüfen, ob du den gesamten in diesem Band übermittelten Stoff beherrschst. Wenn du bei jeder der ersten zehn Aufgaben höchstens einen Fehler und bei der elften Aufgabe höchstens drei Fehler machst, dann kannst du mit deinem Erfolg zufrieden sein und der nächsten Klassenarbeit über diesen Stoff einigermaßen gelassen entgegensehen. Anderenfalls hindert dich ja sicher keiner daran, noch einmal bei Seite 9 zu beginnen.

1 Berechne:

a) $\frac{7}{9}$ von 144 DM; **b)** $\frac{16}{7}$ von 63 kg; **c)** $\frac{3}{8}$ von 2 Stunden;

d) $\frac{149}{125}$ von 4 m; **e)** $\frac{19}{72}$ von $9\,\text{m}^2$.

2 Gib in der in Klammern stehenden Einheit an:

a) $\frac{7}{12}$ Stunden [Min.]; **b)** $\frac{51}{125}$ kg [g]; **c)** $\frac{5}{8}$ Tage [Stunden];

d) $\frac{13}{25}$ m [cm]; **e)** $\frac{123}{125}\,\text{m}^3$ [dm^3].

3 Fülle die Leerstellen aus:

a) $\frac{13}{25}$ von $\square$ = 39 km; **b)** $\frac{\square}{9}$ von 63 kg = 35 kg;

c) $\frac{7}{\square}$ von 96 DM = 56 DM; **d)** $\frac{3}{\square}$ Stunden = 12 Min.;

e) $\frac{\square}{40}$ kg = 425 g.

4 Fülle die Leerstellen aus:

a) $\frac{4}{9} = \frac{36}{\square}$; b) $\frac{\square}{16} = \frac{27}{144}$; c) $\frac{19}{34} = \frac{\square}{408}$;

d) $\frac{325}{\square} = \frac{25}{26}$; e) $\frac{3}{\square} = \frac{\square}{24} = \frac{36}{\square} = \frac{144}{192}$.

5 Kürze vollständig:

a) $\frac{39}{91}$; b) $\frac{65}{117}$; c) $\frac{4 \cdot 12 \cdot 13}{39 \cdot 18 \cdot 36}$; d) $\frac{15 \cdot 16 \cdot 45}{18 \cdot 15 \cdot 12}$;

e) $\frac{125 \cdot 33 \cdot 51 \cdot 49}{34 \cdot 50 \cdot 77 \cdot 12}$.

6 Verwandle in gemischte Zahlen:

a) $\frac{77}{17}$; b) $\frac{133}{12}$; c) $\frac{215}{71}$; d) $\frac{2078}{23}$; e) $\frac{4325}{7}$.

7 Verwandle in unechte Brüche:

a) $2\frac{3}{13}$; b) $4\frac{17}{18}$; c) $25\frac{25}{26}$; d) $17\frac{5}{18}$; e) $103\frac{3}{5}$.

8 Schreibe das Ergebnis als gemischte Zahl:

a) 22 : 3; b) 17 : 5; c) 89 : 33; d) 223 : 15; e) 731 : 16.

9 Zerlege in Primfaktoren:

a) 44; b) 138; c) 272; d) 750; e) 10 000.

10 Bestimme das kleinste gemeinsame Vielfache von

a) 24 und 80; b) 75 und 120; c) 12, 15 und 18;
d) 5, 15, 55 und 88; e) 10, 12, 27, 48, 54, 72, 90, 120 und 144.

11 Berechne. Gib das Ergebnis stets in vollständig gekürzter Form an und, wenn möglich, auch als gemischte Zahl.

a) $\frac{13}{15}+\frac{5}{12}$;

b) $\frac{9}{20}+\frac{11}{25}+\frac{19}{30}+\frac{11}{45}$;

c) $12\frac{13}{15}+11\frac{7}{20}+12\frac{11}{12}$;

d) $\frac{7}{8}-\frac{11}{28}$;

e) $53\frac{16}{45}-23\frac{19}{60}$;

f) $9\frac{4}{15}-8\frac{9}{10}$;

g) $\frac{21}{25}\cdot\frac{15}{28}$;

h) $7\frac{5}{6}\cdot 11\frac{2}{3}$;

i) $\left(\frac{2}{3}\right)^5\cdot\left(1\frac{1}{8}\right)^2$;

k) $\frac{16}{45}:\frac{44}{75}$;

l) $2\frac{3}{5}:26$;

m) $422:4\frac{7}{51}$;

n) $2\frac{17}{30}:7\frac{7}{25}$;

o) $\dfrac{\frac{10}{21}}{\frac{25}{28}}$;

p) $\dfrac{11\frac{5}{6}}{17\frac{3}{4}}$.

Kapitel 6

Lösungen

Zu den Aufgaben des 1. Kapitels

1

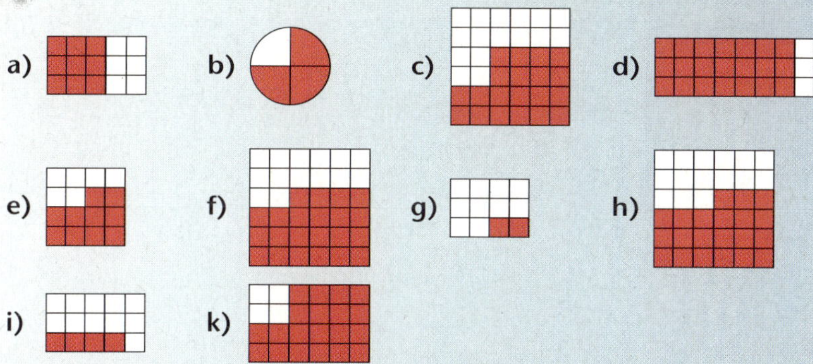

2

a) $\frac{2}{3}$; **b)** $\frac{7}{10}$; **c)** $\frac{7}{12}$; **d)** $\frac{5}{6}$; **e)** $\frac{5}{12}$; **f)** $\frac{11}{24}$;
g) $\frac{3}{8}$; **h)** $\frac{3}{4}$; **i)** $\frac{6}{8}$; **k)** $\frac{48}{64}$; **l)** $\frac{48}{64}$.

3

a) 81 DM; **b)** 201 kg; **c)** 82 Min.; **d)** 1028 m^2; **e)** 280 dm^3;
f) 4459 m **g)** 604 DM; **h)** 7106 m; **i)** 332 kg; **k)** 2772 m^2.

4

a) 108 Minuten = 1 Stunde 48 Minuten; **b)** 20 Stunden;
c) 400 Sekunden = 6 Minuten 40 Sekunden;
d) 648 Minuten = 10 Stunden 48 Minuten;
e) 1875 g = 1 kg 875 g; **f)** 560 cm = 5 m 6 dm;
g) 1725 dm^2 = 17 m^2 25 dm^2;
h) 531 250 cm^3 = 531 dm^3 250 cm^3;
i) 3825 Sekunden = 1 Stunde 3 Minuten 45 Sekunden.

5

a) 18 Std.; **b)** 875 mm; **c)** 96 Pfg.; **d)** 150 g;
e) 406 250 cm^3; **f)** 875 cm^2; **g)** 65 cm;

5
h) 1360 mm^2; **i)** 25 Sek.; **k)** 960 Sek.; **l)** 288 Min.;
m) 184 dm^3; **n)** 78 125 mm^2.

6
a) 45 m; **b)** 77 DM; **c)** 42 kg; **d)** 224 DM;
e) 162 kg; **f)** 180 km; **g)** 266 DM; **h)** 350 m^2;
i) 600 km; **k)** 825 kg; **l)** 1500 m; **m)** 408 kg.

7
a) 3; **b)** 5; **c)** 4; **d)** 4; **e)** 3;
f) 3; **g)** 2; **h)** 9; **i)** 9; **k)** 15;
l) 7; **m)** 13; **n)** 12; **o)** 33; **p)** 17;
q) 17; **r)** 25; **s)** 15.

8
a) 5; **b)** 8; **c)** 9; **d)** 7; **e)** 17;
f) 21; **g)** 15; **h)** 11; **i)** 22; **k)** 26;
l) 17; **m)** 16; **n)** 38; **o)** 25; **p)** 25;
q) 57.

Test zum 1. Kapitel

1
a) 10 m; **b)** 84 kg; **c)** 81 Min.; **d)** 45 m^2; **e)** 36 DM;
f) 160 Std. = 6 Tage 16 Std.;
g) 3375 mm = 3 m 37 cm 5 mm;
h) 1600 g = 1 kg 600 g;
i) 18 750 cm^2 = 1 m^2 87 dm^2 50 cm^2;
k) 2200 dm^3 = 2 m^3 200 dm^3.

2
a) 40 Sek.; **b)** 875 g; **c)** 10 Std.; **d)** 28 Min.; **e)** 625 mm.

3
a) 35 m; **b)** 3; **c)** 8; **d)** 3; **e)** 96 kg;
f) 6; **g)** 9; **h)** 8; **i)** 182 DM; **k)** 7;
l) 17; **m)** 7; **n)** 288 m^2; **o)** 5; **p)** 9;
q) 5; **r)** 168 Min.; **s)** 4; **t)** 11; **u)** 8.

Zu den Aufgaben des 2. Kapitels

1
a) $\frac{21}{56}$; b) $\frac{49}{84}$; c) $\frac{35}{63}$; d) $\frac{28}{147}$; e) $\frac{63}{77}$;
f) $\frac{84}{119}$; g) $\frac{91}{126}$; h) $\frac{196}{259}$; i) $\frac{315}{644}$; k) $\frac{345}{273}$.

2
a) $\frac{30}{48}$; b) $\frac{60}{108}$; c) $\frac{35}{60}$; d) $\frac{88}{96}$; e) $\frac{44}{143}$;
f) $\frac{525}{625}$; g) $\frac{153}{171}$; h) $\frac{120}{225}$; i) $\frac{52}{136}$; k) $\frac{360}{1470}$.

3
a) $\frac{30}{60}$; b) $\frac{45}{60}$; c) $\frac{50}{60}$; d) $\frac{54}{60}$; e) $\frac{16}{60}$;
f) $\frac{40}{60}$; g) $\frac{48}{60}$; h) $\frac{21}{60}$; i) $\frac{22}{60}$; k) $\frac{52}{60}$.

4
a) $\frac{72}{144}$; b) $\frac{108}{144}$; c) $\frac{126}{144}$; d) $\frac{112}{144}$; e) $\frac{84}{144}$;
f) $\frac{117}{144}$; g) $\frac{136}{144}$; h) $\frac{33}{144}$; i) $\frac{78}{144}$; k) $\frac{87}{144}$.

5
a) $\frac{72}{96}$; b) $\frac{72}{99}$; c) $\frac{72}{100}$; d) $\frac{72}{104}$; e) $\frac{72}{102}$;
f) $\frac{72}{110}$; g) $\frac{72}{162}$; h) $\frac{72}{1044}$; i) $\frac{72}{132}$; k) $\frac{72}{864}$.

6
a) $\frac{30}{48}$; b) $\frac{45}{81}$; c) $\frac{24}{80}$; d) $\frac{40}{136}$; e) $\frac{85}{289}$;
f) $\frac{56}{576}$; g) $\frac{88}{144}$;

6

h) $\frac{3}{5} = \frac{15}{25} = \frac{24}{40} = \frac{33}{55} = \frac{39}{65} = \frac{117}{195} = \frac{114}{190}$;

i) $\frac{2}{3} = \frac{8}{12} = \frac{10}{15} = \frac{34}{51} = \frac{52}{78} = \frac{122}{183} = \frac{168}{252}$;

k) $\frac{4}{9} = \frac{24}{54} = \frac{88}{198} = \frac{224}{504} = \frac{128}{288} = \frac{484}{1089} = \frac{248}{558}$;

l) $\frac{11}{12} = \frac{33}{36} = \frac{121}{132} = \frac{132}{144} = \frac{99}{108} = \frac{176}{192} = \frac{132}{144}$.

7

a) $\frac{3}{4}$; **b)** $\frac{3}{5}$; **c)** $\frac{3}{8}$; **d)** $\frac{3}{5}$; **e)** $\frac{1}{4}$;

f) $\frac{7}{12}$; **g)** $\frac{2}{5}$; **h)** $\frac{5}{6}$; **i)** $\frac{3}{7}$; **k)** $\frac{3}{5}$;

l) $\frac{5}{8}$; **m)** $\frac{2}{3}$; **n)** $\frac{1}{4}$; **o)** $\frac{4}{9}$; **p)** $\frac{4}{9}$;

q) $\frac{1}{3}$; **r)** $\frac{3}{8}$; **s)** $\frac{2}{3}$; **t)** $\frac{3}{4}$; **u)** $\frac{7}{16}$;

v) $\frac{5}{9}$; **w)** $\frac{7}{8}$; **x)** $\frac{7}{13}$; **y)** $\frac{6}{11}$; **z)** $\frac{10}{13}$.

8

a) 72; **b)** 72; **c)** 450; **d)** 480; **e)** 360;
f) 2250; **g)** 486; **h)** 720; **i)** 75; **k)** 2160.

9

a) $\frac{1}{12}$; **b)** $\frac{6}{11}$; **c)** $\frac{9}{10}$; **d)** $\frac{1}{2}$; **e)** $\frac{2}{9}$;

f) $\frac{12}{35}$; **g)** $\frac{13}{50}$; **h)** $\frac{2}{7}$; **i)** $\frac{9}{22}$; **k)** $\frac{1}{5}$;

l) $\frac{35}{64}$; **m)** $\frac{5}{42}$; **n)** $\frac{1}{9}$; **o)** $\frac{1}{8}$; **p)** $\frac{3}{7}$;

q) $\frac{3}{4}$; **r)** $\frac{2}{3}$; **s)** $\frac{5}{24}$; **t)** $\frac{3}{20}$; **u)** $\frac{1}{5}$.

Test zum 2. Kapitel

1 a) $\frac{21}{28}$; b) $\frac{55}{88}$; c) $\frac{90}{195}$; d) $\frac{275}{300}$; e) $\frac{221}{273}$.

2 a) $\frac{96}{120}$; b) $\frac{105}{120}$; c) $\frac{104}{120}$; d) $\frac{85}{120}$; e) $\frac{80}{120}$.

3 a) $\frac{180}{225}$; b) $\frac{180}{390}$; c) $\frac{180}{220}$; d) $\frac{180}{212}$; e) $\frac{180}{245}$.

4 a) $\frac{28}{49}$; b) $\frac{91}{104}$; c) $\frac{55}{143}$; d) $\frac{121}{132}$; e) $\frac{120}{168}$;
f) $\frac{3}{8}$; g) $\frac{11}{12}$; h) $\frac{15}{16}$; i) $\frac{16}{25}$; k) $\frac{13}{15}$.

5 a) $\frac{2}{3}$; b) $\frac{5}{8}$; c) $\frac{3}{5}$; d) $\frac{3}{5}$; e) $\frac{10}{33}$;
f) $\frac{2}{9}$; g) $\frac{1}{2}$; h) $\frac{4}{135}$; i) $\frac{1}{3}$; k) $\frac{21}{25}$.

Zu den Aufgaben des 3. Kapitels

1 a) $\frac{2}{5}$; b) $\frac{4}{5}$; c) $\frac{7}{12}$; d) $\frac{3}{8}$; e) $\frac{2}{3}$;
f) $\frac{1}{4}$; g) $\frac{4}{9}$; h) $\frac{5}{14}$; i) $\frac{2}{5}$; k) $\frac{4}{5}$;
l) $\frac{8}{17}$; m) $\frac{4}{7}$; n) $\frac{6}{11}$; o) $\frac{1}{3}$; p) $\frac{6}{11}$;
q) $\frac{4}{9}$.

2

a) unecht; b) echt; c) unecht; d) unecht;
e) unecht; f) echt; g) unecht; h) echt;
i) unecht; k) echt.

3

a) 35 DM; b) 45 kg; c) 180 m; d) 184 Std.;
e) 1584 m; f) 624 kg; g) 372 m; h) 2040 DM;
i) 288 km.

4

a) $\frac{10}{3}$; b) $\frac{14}{3}$; c) $\frac{23}{4}$; d) $\frac{39}{5}$; e) $\frac{31}{2}$;
f) $\frac{31}{8}$; g) $\frac{24}{5}$; h) $\frac{147}{16}$; i) $\frac{62}{5}$; k) $\frac{73}{5}$;
l) $\frac{229}{15}$; m) $\frac{229}{8}$; n) $\frac{131}{12}$; o) $\frac{150}{7}$; p) $\frac{205}{8}$;
q) $\frac{100}{19}$; r) $\frac{659}{12}$.

5

a) $1\frac{2}{5}$; b) $1\frac{4}{9}$; c) $3\frac{3}{4}$; d) $5\frac{2}{3}$; e) $3\frac{1}{9}$;
f) $4\frac{3}{5}$; g) $9\frac{5}{8}$; h) $41\frac{1}{2}$; i) $24\frac{1}{4}$; k) $9\frac{3}{4}$;
l) $70\frac{7}{11}$; m) $14\frac{8}{17}$; n) $45\frac{11}{16}$; o) $92\frac{1}{4}$; p) $47\frac{12}{23}$.

6

a) $136\frac{1}{2}$; b) $8\frac{3}{5}$; c) $10\frac{2}{7}$; d) $6\frac{7}{13}$; e) $5\frac{2}{3}$;
f) $26\frac{8}{9}$; g) $31\frac{3}{4}$; h) $4\frac{9}{16}$; i) $13\frac{1}{11}$; k) $31\frac{4}{11}$;
l) $4\frac{17}{25}$; m) $37\frac{3}{10}$; n) $75\frac{4}{9}$; o) $22\frac{2}{15}$; p) $16\frac{8}{55}$;
q) $198\frac{22}{45}$.

7

a) $1\frac{1}{2}$; b) $3\frac{2}{3}$; c) $3\frac{2}{3}$; d) $5\frac{1}{3}$; e) $1\frac{3}{5}$;
f) $1\frac{3}{4}$; g) $1\frac{2}{7}$; h) $1\frac{1}{3}$; i) $3\frac{2}{3}$; k) $4\frac{1}{2}$;
l) $2\frac{2}{3}$; m) $2\frac{1}{4}$; n) $1\frac{5}{6}$; o) $2\frac{1}{8}$; p) $4\frac{1}{6}$.

8

a) $\frac{15}{5}$; b) $\frac{16}{8}$; c) $\frac{16}{4}$; d) $\frac{84}{12}$; e) $\frac{45}{5}$;
f) $\frac{36}{3}$; g) $\frac{88}{11}$.

Test zum 3. Kapitel

1

a) $\frac{23}{7}$; b) $\frac{19}{4}$; c) $\frac{113}{12}$; d) $\frac{113}{9}$; e) $\frac{386}{25}$;
f) $\frac{661}{35}$; g) $\frac{435}{19}$; h) $\frac{4762}{125}$; i) $\frac{1483}{12}$; k) $\frac{4263}{17}$.

2

a) $2\frac{3}{5}$; b) $6\frac{3}{4}$; c) $2\frac{1}{2}$; d) $3\frac{1}{2}$; e) $2\frac{3}{4}$;
f) $1\frac{2}{3}$; g) $10\frac{2}{7}$; h) $8\frac{1}{3}$; i) $6\frac{1}{2}$; k) $2\frac{6}{7}$.

3

a) $\frac{2}{3}$; b) $4\frac{1}{2}$; c) $5\frac{1}{3}$; d) $3\frac{3}{5}$; e) $1\frac{4}{5}$;
f) $5\frac{1}{3}$; g) $6\frac{1}{6}$; h) $7\frac{1}{9}$; i) $6\frac{1}{2}$; k) $9\frac{3}{5}$.

Zu den Aufgaben des 4. Kapitels

1

a) $\frac{7}{8}$; b) $\frac{2}{3}$; c) $1\frac{1}{3}$; d) $1\frac{1}{4}$; e) $\frac{5}{8}$;
f) $1\frac{1}{7}$; g) $2\frac{1}{3}$; h) $1\frac{5}{7}$; i) $\frac{23}{24}$; k) $2\frac{1}{25}$;
l) 3; m) $1\frac{1}{5}$; n) $2\frac{1}{2}$; o) $1\frac{38}{39}$.

2

a) $5\frac{4}{5}$; b) $8\frac{1}{2}$; c) $16\frac{5}{7}$; d) $38\frac{10}{11}$; e) $42\frac{1}{2}$;
f) $14\frac{1}{2}$; g) $18\frac{1}{6}$; h) $29\frac{7}{9}$; i) $42\frac{4}{5}$; k) 9;
l) $16\frac{7}{25}$; m) $23\frac{1}{2}$.

3

a) $\frac{3}{4}$; b) $1\frac{5}{12}$; c) $1\frac{7}{12}$; d) $\frac{34}{35}$; e) $\frac{7}{8}$;
f) $1\frac{26}{63}$; g) $1\frac{31}{60}$; h) $1\frac{7}{40}$; i) $1\frac{1}{6}$; k) $1\frac{11}{60}$;
l) $1\frac{55}{72}$; m) $\frac{23}{28}$; n) $1\frac{33}{40}$; o) $\frac{103}{126}$; p) $\frac{31}{36}$;
q) $1\frac{5}{54}$.

4

a) $2\frac{17}{60}$; b) $2\frac{1}{8}$; c) $1\frac{79}{80}$; d) $2\frac{47}{180}$; e) $1\frac{137}{150}$;
f) $1\frac{137}{180}$; g) $2\frac{337}{420}$; h) $2\frac{7}{10}$; i) $2\frac{341}{420}$; k) $2\frac{71}{5580}$;
l) $3\frac{61}{75}$; m) $3\frac{62}{77}$.

5

a) $13\frac{5}{12}$; b) $12\frac{13}{24}$; c) $7\frac{35}{36}$; d) $16\frac{1}{10}$; e) $15\frac{17}{42}$;

f) $36\frac{19}{50}$; g) $15\frac{11}{12}$; h) $26\frac{1601}{1800}$; i) $46\frac{4}{15}$; k) $119\frac{371}{450}$;

l) $165\frac{31}{120}$; m) $237\frac{71}{84}$; n) $186\frac{229}{360}$; o) $135\frac{1373}{1800}$.

6

a) $\frac{1}{2}$; b) $\frac{1}{4}$; c) $\frac{1}{5}$; d) $\frac{1}{12}$; e) $\frac{13}{24}$;

f) $\frac{1}{10}$; g) $\frac{47}{54}$; h) $\frac{31}{84}$; i) $\frac{13}{36}$; k) $\frac{15}{22}$;

l) $\frac{41}{66}$; m) $\frac{29}{105}$; n) $\frac{5}{24}$; o) $\frac{29}{648}$; p) $\frac{35}{66}$.

7

a) $1\frac{5}{12}$; b) $9\frac{13}{24}$; c) $3\frac{8}{15}$; d) $8\frac{13}{15}$; e) $1\frac{139}{150}$;

f) $5\frac{1}{4}$; g) $3\frac{25}{48}$; h) $15\frac{71}{72}$; i) $14\frac{35}{66}$.

8

a) $\frac{5}{12}-\frac{3}{8}=\frac{1}{24}$; b) $\frac{7}{8}+\frac{15}{14}=\frac{109}{56}$; c) $\frac{4}{9}-\frac{4}{15}=\frac{8}{45}$;

d) $4\frac{3}{10}-\frac{12}{25}=3\frac{41}{50}$; e) $4\frac{1}{2}-3\frac{3}{4}=\frac{3}{4}$; f) $\frac{16}{33}-\frac{7}{22}=\frac{1}{6}$;

g) $1\frac{4}{25}-\frac{14}{15}=\frac{17}{75}$; h) $\frac{25}{24}-\frac{11}{16}=\frac{17}{48}$; i) $\frac{11}{12}-\frac{5}{18}=\frac{23}{36}$;

k) $4\frac{3}{16}-2\frac{5}{12}=\frac{85}{48}$; l) $4\frac{1}{2}+2\frac{2}{3}=7\frac{1}{6}$; m) $\frac{14}{15}-\frac{18}{25}=\frac{16}{75}$;

n) $\frac{5}{6}-\frac{8}{15}=\frac{3}{10}$; o) $\frac{8}{15}-\frac{3}{24}=\frac{49}{120}$; p) $8\frac{13}{14}-5\frac{8}{21}=3\frac{23}{42}$.

9

a) $x = \frac{5}{6} - \frac{3}{4}$; $x = \frac{1}{12}$;

b) $x = 2\frac{5}{12} - \frac{17}{18}$; $x = 1\frac{17}{36}$;

c) $x = \frac{11}{24} + \frac{25}{32}$; $x = 1\frac{23}{96}$;

d) $x = \frac{20}{21} - \frac{8}{35}$; $x = \frac{76}{105}$;

e) $x = 2\frac{3}{20} - \frac{7}{8}$; $x = 1\frac{11}{40}$;

f) $x = \frac{3}{4} - \frac{7}{18}$; $x = \frac{13}{36}$;

g) $x = \frac{5}{18} + \frac{13}{27}$; $x = \frac{41}{54}$;

h) $x = 3\frac{5}{12} - 2\frac{3}{4}$; $x = \frac{2}{3}$;

i) $x = 5\frac{5}{12} - 2\frac{7}{9}$; $x = 2\frac{23}{36}$;

k) $x = \frac{14}{15} - \frac{5}{6}$; $x = \frac{1}{10}$;

l) $x = \frac{31}{42} + \frac{19}{56}$; $x = 1\frac{13}{168}$;

m) $x = \frac{28}{33} - \frac{9}{22}$; $x = \frac{29}{66}$;

n) $x = 3\frac{5}{21} + 2\frac{4}{9}$; $x = 5\frac{43}{63}$.

10

a) $\frac{3}{4}$; b) $\frac{3}{5}$; c) $\frac{2}{3}$; d) $\frac{1}{8}$; e) $\frac{4}{11}$;

f) $\frac{7}{10}$; g) $\frac{3}{8}$; h) $\frac{12}{35}$; i) $16\frac{1}{2}$; k) $13\frac{4}{5}$;

l) $\frac{3}{44}$.

11

a) $8\frac{1}{3}$; b) 21; c) $5\frac{1}{2}$; d) $256\frac{1}{4}$; e) 18;

f) $67\frac{1}{2}$; g) $54\frac{7}{9}$; h) $31\frac{1}{2}$; i) $9\frac{1}{4}$; k) $88\frac{1}{3}$;

l) $3222\frac{7}{20}$; m) $862\frac{4}{5}$; n) 132; o) $294\frac{15}{16}$; p) $1452\frac{1}{2}$.

12 a) $\frac{2}{15}$; b) $\frac{2}{33}$; c) $\frac{1}{32}$; d) $\frac{1}{3}$; e) $\frac{5}{18}$; f) $\frac{1}{4}$; g) $\frac{7}{286}$; h) $\frac{9}{64}$; i) $7\frac{17}{18}$; k) $\frac{5}{49}$; l) 10; m) $283\frac{137}{192}$; n) $2\frac{7}{9}$; o) 490.

13 a) $\frac{16}{81}$; b) $\frac{1}{32}$; c) $37\frac{1}{27}$; d) $5\frac{1}{16}$; e) $\frac{1}{24}$; f) $\frac{1}{250}$; g) 1; h) $1\frac{9}{40}$; i) $1\frac{3}{5}$; k) $22\frac{6}{7}$; l) $\frac{1}{64}$; m) $8533\frac{1}{3}$; n) $3\frac{220}{972}$; o) $22\frac{1}{2}$; p) $8\frac{8}{9}$; q) $1\frac{1}{5}$.

14 a) $\frac{3}{4}$; b) $\frac{3}{4}$; c) $1\frac{1}{2}$; d) $\frac{3}{4}$; e) $3\frac{3}{4}$; f) $\frac{3}{4}$; g) $1\frac{7}{8}$; h) $17\frac{1}{2}$; i) $\frac{21}{200}$; k) $1\frac{2}{3}$; l) $1\frac{1}{12}$; m) $1\frac{1}{39}$; n) $\frac{3}{8}$; o) $1\frac{2}{3}$; p) $\frac{5}{12}$; q) $1\frac{7}{15}$; r) $\frac{24}{35}$; s) $\frac{45}{88}$; t) $1\frac{1}{10}$; u) $40\frac{3}{5}$.

15 a) $9\frac{1}{5}$; b) $\frac{3}{10}$; c) $\frac{5}{8}$; d) $24\frac{3}{4}$; e) $\frac{1}{7}$; f) $\frac{9}{20}$; g) $\frac{340}{921}$; h) $\frac{70}{81}$; i) 4; k) $\frac{5}{9}$; l) $\frac{18}{35}$; m) $1\frac{13}{14}$; n) $1\frac{7}{8}$; o) $\frac{11}{28}$; p) $\frac{35}{96}$;

15 q) $\frac{14}{27}$; r) $\frac{112}{117}$.

16

a) $\frac{9}{8}:\frac{3}{4}=\frac{3}{2}$; b) $\frac{7}{18}:\frac{5}{12}=\frac{14}{15}$; c) $\frac{9}{8}\cdot\frac{8}{9}=1$;

d) $\frac{24}{25}:\frac{14}{15}=1\frac{1}{35}$; e) $\frac{22}{21}\cdot\frac{28}{33}=\frac{8}{9}$; f) $\frac{7}{18}:\frac{5}{12}=\frac{14}{15}$;

g) $\frac{6}{5}:\frac{8}{9}=\frac{27}{20}$; h) $7\frac{7}{8}:5\frac{1}{4}=1\frac{1}{2}$; i) $\frac{14}{15}\cdot\frac{5}{12}=\frac{7}{18}$;

k) $\frac{48}{77}:\frac{32}{33}=\frac{9}{14}$; l) $\frac{21}{26}\cdot\frac{39}{77}=\frac{9}{22}$; m) $4\frac{1}{8}:4\frac{7}{12}=\frac{9}{10}$;

n) $15\frac{3}{4}:3\frac{1}{9}=5\frac{1}{16}$; o) $15\frac{3}{4}\cdot3\frac{1}{9}=49$; p) $3\frac{1}{9}:15\frac{3}{4}=\frac{16}{81}$.

17

a) $x=\frac{7}{18}:\frac{14}{33}$; $x=\frac{11}{12}$; b) $x=\frac{15}{28}:\frac{24}{35}$; $x=\frac{25}{32}$;

c) $x=\frac{28}{51}\cdot\frac{34}{35}$; $x=\frac{8}{15}$; d) $x=\frac{34}{35}:\frac{8}{15}$; $x=\frac{51}{28}$;

e) $x=\frac{36}{85}\cdot\frac{5}{12}$; $x=\frac{3}{17}$; f) $x=\frac{16}{77}:\frac{12}{49}$; $x=\frac{28}{33}$;

g) $x=3\frac{1}{3}:2\frac{1}{2}$; $x=\frac{4}{3}$; h) $x=2\frac{1}{2}:3\frac{1}{3}$; $x=\frac{3}{4}$;

i) $x=5\frac{1}{3}\cdot3\frac{3}{8}$; $x=18$; k) $x=8\frac{2}{5}\cdot3\frac{3}{4}$; $x=31\frac{1}{2}$.

18 a) $\frac{9}{14}$; b) $1\frac{1}{3}$; c) $2\frac{2}{3}$; d) $\frac{8}{9}$; e) $1\frac{11}{16}$.

Test zum 4. Kapitel

1

a) $1\frac{1}{5}$; **b)** $14\frac{2}{7}$; **c)** $\frac{23}{24}$; **d)** $\frac{29}{48}$; **e)** $\frac{43}{72}$;
f) $6\frac{5}{36}$; **g)** $\frac{69}{77}$; **h)** $29\frac{13}{102}$; **i)** $2\frac{131}{200}$; **k)** $48\frac{1639}{1764}$.

2

a) $\frac{2}{3}$; **b)** $2\frac{1}{4}$; **c)** $1\frac{3}{5}$; **d)** $\frac{5}{96}$; **e)** $\frac{181}{315}$;
f) $\frac{13}{45}$; **g)** $7\frac{23}{36}$; **h)** $1\frac{41}{42}$; **i)** $12\frac{1}{12}$; **k)** $\frac{53}{60}$.

3

a) $\frac{1}{6}$; **b)** $\frac{9}{35}$; **c)** $\frac{1}{3}$; **d)** $\frac{35}{81}$; **e)** $1\frac{1}{2}$;
f) $1\frac{13}{28}$; **g)** $53\frac{17}{50}$; **h)** $\frac{5}{9}$; **i)** $172\frac{1}{8}$; **k)** $\frac{1}{5}$.

4

a) $3\frac{3}{4}$; **b)** $\frac{3}{5}$; **c)** $1\frac{1}{15}$; **d)** $113\frac{1}{3}$; **e)** $\frac{3}{115}$;
f) $\frac{10}{21}$; **g)** $2\frac{26}{35}$; **h)** $2\frac{2}{27}$; **i)** $3\frac{3}{4}$; **k)** $\frac{4}{15}$.

5

a) $2\frac{2}{15}$; **b)** $\frac{3}{4}$; **c)** $\frac{52}{81}$; **d)** $28\frac{4}{5}$; **e)** $\frac{2}{147}$.

Zu den Aufgaben des 5. Kapitels

1

a) 112 DM; **b)** 144 kg; **c)** 45 Min.; **d)** 4768 mm;
e) 23 750 cm^2 = 2 m^2 37 dm^2 50 cm^2.

2

a) 35 Min.; **b)** 408 g; **c)** 15 Stunden;
d) 52 cm; **e)** 984 dm^3.

3 **a)** 75 km; **b)** 5; **c)** 12; **d)** 15; **e)** 17.

4 **a)** 81; **b)** 3; **c)** 228; **d)** 338;
e) $\frac{3}{4} = \frac{18}{24} = \frac{36}{48} = \frac{144}{192}$.

5 **a)** $\frac{3}{7}$; **b)** $\frac{5}{9}$; **c)** $\frac{2}{81}$; **d)** $\frac{10}{3}$; **e)** $\frac{105}{16}$.

6 **a)** $4\frac{9}{17}$; **b)** $11\frac{1}{12}$; **c)** $3\frac{2}{71}$; **d)** $90\frac{8}{23}$; **e)** $617\frac{6}{7}$.

7 **a)** $\frac{29}{13}$; **b)** $\frac{89}{18}$; **c)** $\frac{675}{26}$; **d)** $\frac{311}{18}$; **e)** $\frac{518}{5}$.

8 **a)** $7\frac{1}{3}$; **b)** $3\frac{2}{5}$; **c)** $2\frac{23}{33}$; **d)** $14\frac{13}{15}$; **e)** $45\frac{11}{16}$.

9 **a)** $2 \cdot 2 \cdot 11$; **b)** $2 \cdot 3 \cdot 23$; **c)** $2 \cdot 2 \cdot 2 \cdot 2 \cdot 17$;
d) $2 \cdot 3 \cdot 5 \cdot 5 \cdot 5$; **e)** $2 \cdot 2 \cdot 2 \cdot 2 \cdot 5 \cdot 5 \cdot 5 \cdot 5$.

10 **a)** 240; **b)** 600; **c)** 180; **d)** 1320; **e)** 2160.

11 **a)** $1\frac{17}{60}$; **b)** $1\frac{691}{900}$; **c)** $37\frac{2}{15}$; **d)** $\frac{27}{56}$; **e)** $30\frac{7}{180}$;
f) $\frac{11}{30}$; **g)** $\frac{9}{20}$; **h)** $91\frac{7}{18}$; **i)** $\frac{1}{6}$; **k)** $\frac{20}{33}$;
l) $\frac{1}{10}$; **m)** 102; **n)** $\frac{35}{96}$; **o)** $\frac{8}{15}$; **p)** $\frac{2}{3}$.

Die DUDEN-Bibliothek für Schüler
die **Schülerduden**

Die Mathematik II
Höhere Mathematik auf einen einfachen Nenner gebracht. Sekundarstufe II. Über 500 meist zweifarbige Abbildungen, zahlreiche Beispiele, Register.
478 Seiten.

Informatik
Dieses Fachlexikon für die Schule vermittelt ein fachliches Fundament in der Informatik. Rund 600 Abbildungen, zahlreiche Programmbeispiele, Register.
560 Seiten.

Die Astronomie
Supernova, rote Riesen, schwarzes Loch: die Welt der Astronomie in einem Band. Rund 2 000 Stichwörter, 200 Abbildungen, zahlreiche Tabellen und Übersichten, Literaturverzeichnis.
418 Seiten.

Physik
Methoden, Begriffe und Ergebnisse werden präzise und leicht verständlich erklärt. Über 2 000 alphabetisch geordnete Sachstichwörter mit rund 450 Abbildungen, Übersichten und einem Register.
496 Seiten.

Die Chemie
Von Ammoniak bis Zucker werden Stoffe, Reaktionen und Gesetze auf eine Formel gebracht. Rund 1800 Stichwörter, 900 meist zweifarbige Abbildungen und chemische Formeln.
444 Seiten.

Die Ökologie
Biotop, Nahrungsnetz, Ozonloch: Dieser Band informiert über alles, was das Thema „Mensch und Umwelt" angeht. Rund 2 800 Stichwörter, 16 Farbtafeln und zahlreiche Abbildungen.
368 Seiten.

Die Biologie
Mit den neuesten Forschungsergebnissen auf Gebieten wie Ökologie, Molekularbiologie, Molekulargenetik, Immunbiologie und Biotechnik. Die rund 2 500 alphabetisch geordneten Artikel berücksichtigen auch die Lehrpläne der Leistungskurse Biologie.
489 Seiten.

Sexualität
Die Vielfältigkeit der Sexualität. Mit Themen wie Pubertät und Erwachsenwerden, erste Liebe, Umgang miteinander, Empfängnisverhütung, Mutterschaft und Vaterschaft, Aids, sowie einer Liste von Beratungsstellen. Rund 2 000 Stichwörter mit über 100 meist farbigen Abbildungen im Text. 396 Seiten.

Die Tiere
Vom Blauwal bis zum Wimpertierchen: die Welt der Tiere als sinnvolle Ergänzung zum Band „Die Biologie". Rund 4 000 Stichwörter, 32 mehrfarbige Schautafeln. 392 Seiten.

Die Pflanzen
Vom Gänseblümchen bis zum Mammutbaum. Rund 5 000 Stichwörter, 168 Farbfotos auf 32 ganzseitigen Schautafeln. 436 Seiten.

Die Geographie
Von der Geomorphologie zur Sozialgeographie: das aktuelle Fachlexikon für den Geographieunterricht. Rund 1 800 Stichwörter, 120 Abbildungen.
468 Seiten.

Die Wirtschaft
„ABC-Analyse", „Breakeven-Point", „Jointventure": das Lexikon des wirtschaftlichen Lebens. Für Schule und Beruf. Rund 2 500 Stichwörter, zahlreiche Diagramme und Abbildungen.
428 Seiten.

Politik und Gesellschaft
Von ABC-Staaten bis zur Zweitstimme: Sachbegriffe der Gemeinschaftskunde zuverlässig und griffbereit in einem Band. Rund 2 300 Stichwörter, 120 Abbildungen, Literaturverzeichnis.
460 Seiten.

Die Geschichte
Dieses Fachlexikon vergegenwärtigt Daten, Fakten und Zusammenhänge der Geschichte. Rund 2 400 Stichwörter, 155 Abbildungen, Literaturverzeichnis, Personen- und Sachregister.
540 Seiten.

DUDENVERLAG
Mannheim · Leipzig · Wien · Zürich